Contents
目次

Live！図書館員のおすすめ本　人はなぜ本を紹介するのか

　主　催：日本図書館協会図書紹介事業委員会

　日　時：2023 年 12 月 4 日（月）　午後 3 時〜 5 時

　会　場：日本図書館協会　2 階　研修室

はじめに

総合司会（手塚美希<ruby>手塚美希<rt>てづかみき</rt></ruby>）：本日はお忙しいところお集まりいただきまして，まことにありがとうございます。これより図書紹介事業委員会主催の「Live！図書館員のおすすめ本　人はなぜ本を紹介するのか」を開始いたします。本日司会を務めます，図書紹介事業委員会委員で岩手県紫波町図書館の手塚と申します。どうぞよろしくお願いいたします。

　全体を開始する前に，本日のプログラムをご案内いたします。まず，「図書紹介事業委員会のご紹介」を，秋本敏委員長よりご案内いたします。次に，クロストーク「君はなぜその本を推すのか」を，図書紹介事業委員会の委員である大林正智委員，髙橋将人委員より行います。クロストークの終了後，10分間の休憩をお入れする予定です。そして，パネルトークです。ゲストに田口幹人様，大矢靖之様，仲明彦様をお迎えし，「われわれはなぜ本を紹介するのか」をテーマとしてさまざまなお話をうかがってまいります。最後に質疑の時間も設けておりますので，よろしければこの機会にご質問もいただければ幸いです。

　では，はじめに「図書紹介事業委員会のご紹介」です。秋本委員長，よろしくお願いいたします。

0. プロローグ
図書紹介事業委員会のご紹介

秋本　敏（日本図書館協会図書紹介委員会委員長）

図書紹介事業委員会の誕生とその仕事

秋本：みなさん，こんにちは。図書紹介事業委員会委員長の秋本と申します。よろしくお願いします。今日は「Live！図書館員のおすすめ本　人はなぜ本を紹介するのか」にご参加いただきまして，まことにありがとうございます。

　私の方より，図書紹介事業委員会というのはいかなるものなのかということで，ちょっとお話をさせていただきます。

　まず，「図書紹介事業委員会」の成り立ちですけれど，みなさんご存じのとおり，日本図書館協会では50年にわたって，図書選定事業を行っておりました。その事業が終わりまして，それを引き継ぐものとして，図書紹介事業を実施しようということになりました。

　図書紹介事業委員会を立ち上げる前にプロジェクトチームを作りました。公立図書館関係者，高等学校図書館関係者などの4人で，図書紹介事業の内容などを決めてまいりました。その中で試行として，全国の司書のみなさんに書評を書いていただこうということで，2016年10月から，翌年の2月までの5か月間，『図書館雑誌』に各4本の書評を掲載することになりました。この試行を経て，現在の「図書紹介事業委員会」が立ち上がりました。

　委員会は正式には2017年5月にスタートして，現在，『図書館雑誌』に毎月4本の書評を掲載しております。4本のうち3本は公立図書館関係者，そして1

本は学校図書館関係者が執筆しております。2019 年には株式会社読書人の協力により，『週刊読書人』への掲載が開始されました。さらに「週刊読書人 WEB」にも掲載していただきまして［2024 年 4 月から中断］，現在に至っております。

　現在の活動についてですが，委員は現在，東北，関東，近畿，四国，九州から全員で 10 人おります。公立図書館関係者が 8 人，学校関係者が 2 人という構成です。委員の主な活動は，全国の司書に執筆を依頼することです。これがけっこう大変な仕事で，必ず執筆者を毎月確保しなければいけないので，なんとか伝手を頼って執筆を依頼しています。

　提出された原稿については委員がチェックし，修正が必要な場合は執筆者へ投げかけて，完成原稿を目指します。そして，できあがった原稿を『図書館雑誌』に毎月載せています。

　また，公募の受付もやっておりまして，たまに公募原稿が載ることもあります。委員自身も原稿を書いて掲載しております。

　このようにして活動を続けているわけですけども，2021 年に『図書館雑誌』に掲載した 101 本の原稿を，『司書が書く　図書館員のおすすめ本』という書籍にまとめて出版しました。2024 年度以降にはこの続編を計画しておりますので，ご期待いただければと思います。

図書紹介事業の目的

秋本：この事業の目的ですが，これは端的に言って，"書評が書ける司書を増やす" ということです。書評の書き手というのは，新聞の書評欄をご覧になれば，研究者や作家，執筆家などがほとんどで，司書が新聞の書評を書くということはほとんどないと思います。しかし，仕事の上では利用者から「なにか面白い本ないかな？」とか，「この本どんな内容なの？」と聞かれることがけっこうあると思います。このように，日常的に聞かれることを，この事業では文章にして書評としてまとめることができる司書を増やしたいな，と考えています。今までは，「書評を書いても発表する場所がない」ということがありましたけれど，『図書館雑誌』の中で月に 2 ページ使って書評を発表できる場を作っ

ております。今日のパネルトークでも，出版関係のゲストに来ていただき，図書館関係だけでなく，広く，多くの方から意見をいただき，本を紹介する楽しさ，あるいは意味などのお話が聞けると思います。

Live 企画への思い

秋本：今回の企画ですが，私は実は2代目の委員長です。初代の委員長は埼玉県立熊谷図書館の元館長だった，乙骨敏夫さんです。この方は63歳の若さでお亡くなりになりました。乙骨さんは生前，「図書館員だけじゃなくて，出版関係，書店の方，そういう方たちと，書評についていろんな意見が交換できる場があるといいね」とおっしゃっていました。この企画は，そうした乙骨さんの思いを汲んでここに実現したいきさつがあります。

　今日は楽しいお話も，身になるお話も聞けると思いますので，ぜひ最後までご清聴いただければありがたいと思います。今日は，ありがとうございました。

総合司会（手塚）：秋本委員長，ありがとうございました。

　それでは次にクロストークです。「君はなぜその本を推すのか」をテーマとして，大林委員，髙橋委員よりお話いただきます。

1. クロストーク
君はなぜその本を推すのか

大林正智（図書紹介事業委員会委員，栃木県益子町地域プロジェクトマネージャー）
高橋将人（図書紹介事業委員会委員，南相馬市立中央図書館）

まずは出会いと自己紹介

大林：みなさんこんにちは。図書紹介事業委員の大林と申します。そして，こちらが……。

高橋：同じく図書紹介事業委員の高橋と申します。よろしくお願いします。

大林：今日は「本を紹介する」ということにフォーカスして，いろんな方向から，「本を紹介するってどういうことかな」ということをみんなで考えようっていうお話です。われわれのパートは，図書館員が本を紹介するのはなぜか，

なぜその本を紹介するのか，ということにポイントを絞って2人で話をしていきたいと思います。

　じゃあ，ちょっと簡単に自己紹介。生まれは愛知県豊橋市で，田原市中央図書館というところで公共図書館員を始めまして，そのあとで……レジュメに「マニコレスタート」ってありますけれど，「マニコレ」というのはなんですか？

髙橋：『ちょっとマニアックな図書館コレクション談義』（大学教育出版，2015，以後，樹村房よりシリーズ化）。内野安彦さんが編者で，何名かの図書館員が声をかけられて，「ちょっと変わった切り口の図書館のコレクションって面白いんじゃないですか？」とか，「こういう本って図書館が集めなくてもいいんですか？」とか，そういうことを書いた感じの，気楽に読める本ですね。

大林：実に気楽に読めるので，もし読んでない方がいらっしゃいましたら，読んでみてください。それで，私も髙橋さんと一緒にその本の執筆者に加わったんです。それを書いたこともあってだと思うんですけども，この「図書館員のおすすめ本」と図書紹介事業が始まったときに，当時委員だった秋本さんから「大林くん，ちょっと書評書いてみない？」と言われ，それで書いたのが第1回です。その後，委員になった……という感じです。

　私はその後，田原市から豊橋市まちなか図書館へ行きまして，現在は栃木県の益子町で，今は図書館がないのですけれど，そこで図書館を作る仕事に携わっています。

　次は髙橋さん，どうぞ。

髙橋：はい，私は福島県の南相馬市立図書館で働いています。生まれは山形県です。3.11（東日本大震災）のときにちょうど南相馬市にいまして，災害対応ということで，図書館から離れて弔慰金や義援金などのお金の絡むところでお仕事をしていました。その後，ある程度終わってから図書館に戻ってきたと。

　そして長野の塩尻市で行われた図書館員の怪しい集まりで大林さんと出会ったのですが，最初にお会いしたとき大林さん，「いや～面白い人ですね，面白

い人ですね」ばかりしか言わないんですよ。本当に持ち上げられてるなーと思って。その後，別の機会でお会いしたときに，会場移動で私が運転する車に大林さんが乗ってくれて。あのときにお話ができたのが，私の中ではスタートという感じがしています。「東日本大震災のときはもっと宗教というものが役割を果たすことができたはず」みたいな話を私が大林さんにしてちょっと盛り上がったんですよ。そんな感じの2人の出会いでしたね。

あと，「マニコレ」の1と3で私も書かせてもらっています。大林さんは，1，2，3，全部書かれてますね。その後私も声をかけられて，図書紹介事業委員会委員になりました。

「図書館員のおすすめ本」は「書評」か「紹介」か？

大林：「持ち上げる」件について言っておくと，私，面白い人や面白いことが好きで，出会うとついつい臆面もなく「面白い！」って言っちゃうんですよ。スミマセン。

じゃあ，本題に入りましょう。文章の種類ってことなんですけど，先ほど秋本委員長から「書評を書ける図書館員」という話がありました。私，最近「図書館員のおすすめ本」は，紹介文なのか，書評なのか，それは同じなのか，ということを考えていたのです。「おすすめ本」は，基本的には図書館員に向けて書いているんですね。図書館の司書が選書で参考になるようなものを書くということです。たとえばベストセラーで，どの図書館にもあるような本を紹介してもしょうがないし，マニアックすぎて「それはうちにはおかないよね」という本でも困るし，というような本を除いて，図書館に入れるための本を書いています。それは厳密に「書評」かどうかっていうことですよね。書評というよりは……。

髙橋：紹介文とか，おすすめ文とか，そんな感じなんですかね。

大林：それって髙橋さん的には，意識して文章をそっち寄りに変えているとか，ふだん仕事で書く文章と変えているとか，そういうことはあるんですか？

髙橋：ありますね。自分の意見や体験とか，そういうのを混ぜ込む／混ぜ込まないみたいなところはすごく意識してますね。

大林：客観的というよりは，主観が入るってことですか？

髙橋：そうですね。紹介文やおすすめ文の方が，「自分がこの本をおすすめするんですよ」というところが入るので，ある程度主観が入ってくる。

大林：「自分が」っていうとこですよね。いや，そのへんがポイントなのかなと思っています。「図書館の本って，誰が選んでるの？」っていうことです。図書館にはたくさん本があるけれど，誰かが選んでいるからそこにあるんですよね。
　フェデリコ・フェリーニ監督の『道』という映画で，「この世の中にあるものは何かの役に立つんだ，たとえばこんな小石でも」というようなセリフがありまして，それで「どんな役に立つのか」と問われて「おれにはわからんが，神様がご存じだ」と答えるわけです。映画ではこれがいいんですけど，図書館にある本について「どんな役に立つか，おれ（司書）にはわからんが，神様がご存じだ」と言っていいかっていうと，違うよねっていう……。

髙橋：それ，「違う」でいいんですね？

大林：違うよね。神様じゃなくて，人間が選んでその図書館に置いてるっていうことなんですけれども，「その人間って，誰なの？　もうちょっと顔が見えてもいいんじゃないかな？」っていうことを私は常々思っています。

なので，その本を紹介するっていうのは，同時に紹介する人の自己紹介にもなっちゃうんですよね。それでいいんだと思って図書紹介を続けているんですけれども。

髙橋：いろんな文章の種類があって，たとえばきっちり評論文のような書評，査読もある本当にがっちりした書評もあれば，紹介文，今私たちが書いているような「おすすめ本」のようなものもあれば，店頭での POP みたいなのもあると思うのです。いろいろ種類があって，それぞれに求められている文体が違って，見る人も，見る人の気持ちも受け取り方も違うことをちゃんと意識して書くのは大事ですと，本当に思いますね。

大林：それが届くようにってことですよね。

私たちの「おすすめ本」① 『ブラック・スワン』

大林：では，その実例みたいな話をしていきましょうか。

髙橋：はい。みなさまのお手元のチラシを開いてもらうと，右ページに『図書館雑誌』に載った書評のうち，私の分と大林さんの分があります（p.51 参照）。私の方は『ブラック・スワン』（上下巻，ナシーム・ニコラス・タレブ著，望月衛訳，ダイヤモンド社，2009）という書籍です。

　私は，先ほども申し上げたとおり，東日本大震災を経験しました。その後，ある日いきなり秋本さんから，「書評，書いてみませんか？」って連絡がきました。今までの図書選定事業が終了して，図書紹介事業はその続きで始まる事業で，それに掲載する書評を書いてみませんか，と秋本委員長から聞きました。「たかだかペーペーの司書で，

何もしょってない私が，みなさんに届く書評を，ある切り口で言うと『良書的』な，今まで『選定図書総目録』で選ばれてきたようなものを書けるのか，何ができるのか」と思ったときに，自身が持っているものとして，震災を経験したということがあったので，「3.11」に絡む本で書こうと思ったんです。

　3.11 はこれほど悲惨だった，みたいな本について私が書くのも違うなと思ったので，3.11 以前に出版された本を紹介しようと。で，震災のとき「想定外だった」とすごく言っている人たちがいたので，「私たちは想定しておかなきゃいけなかったんじゃないの？」みたいな切り口にしようかなと。で，この『ブラック・スワン』は 2007 年に原書が出版されています。これをちゃんと読んだ上で震災に臨んでいれば，震災の被害が小さくなったりはしなかったにしても，それに臨む私たちはたぶん変われたはずだ，みたいな思いがありまして。実際，文章を作るときもそのあたりを意識したことを覚えています。

大林：自分の経験を本の紹介に，ということですね。私，髙橋さんがこの本を紹介してくれたんで，やっぱり面白そう，読んでみたいと思いまして，ぱらっと読んだんですけど，目次を見ていたら，「ウンベルト・エーコの反蔵書」という言葉がありまして。

髙橋：そうですね，原書でも「アンチライブラリー」（Antilibrary）。

大林：「アンチライブラリー」，「反蔵書」ってどういうことだろうと思ったのですが，以前髙橋さんと話したことを思い出したんですよ。かなり昔のことなので，今でもそう思われているのか，どうかなと興味津々でお聞きするんですけれども，髙橋さん「自分の勤務する図書館の棚よりも，自分の家の棚の方が好きなんです，私は」とおっしゃっていて，面白い，潔い，かっこいいなと思ったんです。

　「アンチライブラリー」のことをちょっと説明すると，蔵書ではなくて，今から読むべき本のことをアンチライブラリー，反蔵書とエーコは言っている，と『ブラック・スワン』には書いてあるんですけど，今まで読んだものが大

事なのか，これから読むものが大事なのかっていう話。エーコが大事にしたいのは反蔵書だという話だったんですね。

　髙橋さんは「好きなのは自分の蔵書」だと以前言っていた，その「自分の蔵書」とは，「読んだことがある本」のことだと思ったんですけど，その後はどうですかね？

髙橋：私は記憶力がちょっと弱くて……。そのときの自分の感情を覚えている……というタイプの記憶の仕方をするんです。自分の本棚に並んでいる本は，そこで自分の感情が動いたとか，何かを考えたっていう本の集まりなんですよね。なので，けっこう"自分自身感"が出るというか，自分を作ってきてくれたものみたいに感じているところがあります。私，自分のことはけっこう好きなので，それを作ってきてくれた本にも感謝をしているといいますか。

　自分の本棚は"自分"，どこかの本棚は"他者"みたいな感じで見ているので，どちらが好きか選べといわれると，やっぱり思い入れがあるのは自分の本棚だなーってことにはなります。ただ，エーコのアンチライブラリー的な感じで言うと，読んでいない本が大事で，それはやっぱり読んでいない本があるからこそ自分たちは「読もう」とも思うし，手に取ってみようって思うところがある。その大事さは理解しているつもりなので，図書館の棚が嫌いかと言われると，そんなことはもちろんないです。

大林：安心しました（笑）。

髙橋：自分の知的好奇心に気づき続けていくことは大事だなーって思っていますよ。では，人林さん。

私たちの「おすすめ本」②　『ブライアン・ウィルソン&ザ・ビーチ・ボーイズ』

大林：はい，私はこれ，『ブライアン・ウィルソン&ザ・ビーチ・ボーイズ』（ポー

ル・ウィリアムズ著，五十嵐正訳，シンコーミュージック，2016）。

　秋本さんから「何か1冊書きなさい」と言われて，「じゃあ書こうか」と思ったときに，勤務していた図書館の棚に行って「どれにしようかな」って見て選んだのが，この本なのです。それ以来，何度か紹介文を書いたのですけれども，だいたい自分がそのとき勤務している図書館の棚に行って本を選んでいますね。

　なぜそうしているかというと，自分の勤務している図書館の棚が紹介したい本に溢れているような状態にしておきたいし，そうなっていることを確認したいっていう，ちょっと勝手な情熱がありまして，だからそこにある本を選んでいるんです。

　そしてもう一つのポイントは，そこにあるっていうのは「そのとき借りられていない」ということでもあります。常に借りられて，どんどんみんなに読まれている本だったら「紹介しなくてもいいじゃん」と思うんです。借りられていない本こそ紹介したい，と。

　自分が選書したか，同僚や誰かが選書したかはともかく，「この本はこの図書館の蔵書にしよう」という理由があって，その図書館の蔵書になったわけですけれども，その理由をことあるごとに言語化しておいた方がいいんじゃないか。「なんとなく入れたんじゃないよ，この本はこの図書館にあるべき理由があるんだよ」っていうのを，ことあるごとに，隙あらばその理由を言語化していけるといいかなと。棚にあって，なおかつ借りられていない本を選ぶっていうのが私の定番です。

髙橋：私は書店でも働いたことあるんですけれど，本屋さんのPOPって，流れていくものを届けるために，みたいな感じのところがあるじゃないですか。でも図書館だと，そこに1回入ってとどまるっていう感覚があるというか。ある意味，図書館の蔵書はその図書館のコレクションだとも言える。図書館員の紹介文というのは，自分の図書館のコレクションを紹介する，みたいな感じのところもあるかもしれませんね。私のところの図書館にはこんなにいいコレクションがあるよとか，そういう感じの。

大林：そうです，そういうことですね。なので，コレクションを象徴するような本とか，コレクションの幅を示せるような本とかを紹介したいと思いますね。

髙橋：いいっすね。

大林：そんな感じで，第1回に『ビーチ・ボーイズ』を紹介したんです。いろんな本がある中で「『ビーチ・ボーイズ』選ぼう」って思ったのは，図書選定事業は「良書」，よい本を選ぶ事業だったと思うんですけども，それを引き継ぐということは，イコール「そのまま続ける」わけじゃなくて，「何か新しいものを加えよう」って，そういうことなのかなと勝手に解釈しました。『ブライアン・ウィルソン＆ザ・ビーチ・ボーイズ』っていうのは，いわゆる良書の枠にはひょっとしたら入らないのかもしれないけれど，「こういう本はあるよって言っといた方がいい本かもな」と思ったんです。「コレクションの幅を示す」方向ですね。それで選んだっていうことがあるのかなと。

髙橋：音楽とかやってると，いい音楽が奏でられるかって言われたら難しいけれども，「この音楽はよくない？」っていうのなら，はっきりわかるようになるみたいな。
　たぶん私たちもいっぱい本を読んでいて——「図書館司書はいっぱい本を読む職業なのか？」はまた別にしといて——，この本は価値があるなっていうのはわかる。これはたぶん自分だけに響いたわけじゃなくて，この本は普遍的に何かの価値を持っている，みたいなのがわかる感覚みたいなのが出てきますよね。

大林：ありますね。ですのでその感覚は活かしつつ，そこに甘えずに，自信を持っていこうよっていうのはありますよ。
　あと，図書館員に届くように，という意味では，「図書館員頑張ろうよ」っていうメッセージを込めて書いているかなと思います。
　というわけで，私の本の選び方は「棚に行ってある本」。

読んでほしい相手を意識する

大林：髙橋さんは，文章を書くにあたって，気をつけているということはありますか？

髙橋：私はやっぱり，読む人が誰なのかっていうのは絶対意識しますね。みんなが読んでわかる書き方・文体っていうよりも，「この人に読んでほしい」っていう意識で，そこに引っかかるような文体とかを選ぶようにしています。
　「マニコレ」の1でちょっと評論みたいな感じの文体で書いたんですよ。けれど3になって，ちょっと心変わりして，物語っぽくしたくなりまして。で，物語っぽく書いて提出して，編集さんと大林さんと一緒に出版社で会ったときに，言葉を選んでダメ出しされたんですけど，そのときの言葉が「児童書みたいだね」って言われたんですよね。私はそれを狙って書いていたところがあったので，「あ，それでダメなら企画の趣旨に合わせますよ」と直したということがあったんです。
　児童書の文体は昔から好きで，裸で立って歩いてるみたいな感じの文体というか，そしてだんだん大人向けになってくると，ちゃんと服を着て。そして読みやすい文章とかになると，寝っ転がり始めるみたいな感じの。文章を書くときには，どう読まれたいかみたいなところを意識して，文体を選んだりはしますね。

大林：そう，髙橋さんの文章を，読んだことのある方たくさんいらっしゃると思うんですけど，基本的に何言ってるかわかんないですよね（会場で笑い声）。そこがすごくいいんです。簡単に届く文章ではないんですけど，届く人には非常に届くっていうか，そう意識されているんですよ。

髙橋：そうですね。みんなに届くんじゃなくて，誰かに届くようにっていうところです。私は全然文章が上手じゃないので，たいてい一発でさらっとは書けなくて，推敲の段階で言葉選びをする中で，「あ，こっちの方がもしかしたら

届くかな」とか，「刺さったときにこっちの方が深いかな」とかって考えたりしますね。

　大林さんの文体って，たぶん名前を隠されても，「これもしかしたら ROCK 司書が書いた文章かも」ってわかるような個性がある気がします。どういうふうな経緯でその文体になったのですか。

大林：どうなんですかね。図書館の公式 Facebook に「ROCK 司書」っていうキャラクターでコラムを書いていて，その延長で本を出すことになったりとか，結局「ROCK 司書」を名乗ることになったりしたんですけれど，名乗ったら文体がついてきたみたいなところはあるかな。そのキャラクターが文章を書いている，というような。

髙橋：その前は？　昔から本はすごく読まれていて，文章も書かれていたわけじゃないですか。そのときはあんまり意識しなかったですか？

大林：うん，文体っていうのはあんまり意識してなかったですね。図書館員と

して表に出すものとしては，最初はもっと無色透明な文章を書こうと思っていたんです。けれど，いろいろやっていくうちに「誰が書いたかわかんないけど，ちゃんとした紹介文」っていうより，「また馬鹿なこと書いてるけれどなんとなく面白いな」っていう方が結局届くんじゃないの？　というような考えに至りまして，結局それでやっちゃってますかね。

高橋：逆に，紹介文とか書評を書くときって"色を抜け"みたいな指導をされるじゃないですか。そのあたりはやっぱり媒体，この文章は何のために書くのか，みたいなこと考えて，これは「自分のキャラのっけていいな」とか？

大林：そうですね。

高橋：それはもう，その都度？

大林：うん。「誰に届けるか」ということですよね。それによって書き方も変わってくる。高橋さんがおっしゃっていたことと同じだと思うんです。みんなに届くように書くと誰にも届かないっていうのは，経験していくうちにだんだん実感するようになった。じゃあ，どっかに届くように。あ，私，真似してませんか？

高橋：いやいやいやいや。

大林：なんか兄弟みたいになってますけど（笑），「届く」のが目的ということですね。さて，そろそろ時間ですね。あまりクロージングは想定していなかったんですが，じゃあ，オチお願いします。

最後にひとこと

高橋：今ここにいらっしゃる方の中でも，私たち委員から頼まれてこの「図書

館員のおすすめ本」を書いたことがある方がたくさんいらっしゃると思います。今後もこの事業が続く限り，私たちからお願いし続けますので，声がかかった際は，どうぞ快く引き受けていただけるとありがたいです。

大林：丁寧に言うとそうなんですけど，もうちょっと乱暴に申し上げますと，お願いだから，自信を持って，断らないでくれよ！　というオチにしちゃっていいですか。

　ということで，クロストークは以上です。ありがとうございました。

総合司会（手塚）：ありがとうございました。とても短かったですね。

　あとちょっと聞きたいっていうところで終わったんですけども，質疑応答は最後にまとめてお聞きしますので，みなさんご用意ください。

2. パネルトーク
われわれはなぜ本を紹介するのか

田口幹人（合同会社未来読書研究所共同代表）
大矢靖之（㈱文藝春秋営業推進部，元フェリス女学院大学非常勤講師，元書店員など）
仲　明彦（京都府立洛北高等学校図書館，元図書紹介事業委員会委員）
（司会）笹川美季（図書紹介事業委員会委員，東京都府中市立図書館）

総合司会（手塚）：ここからはパネルトークです。「われわれはなぜ本を紹介するのか」をテーマとして，ゲストの田口幹人様，大矢靖之様，仲明彦様のお三方とともに考えてまいります。パネルトークの司会は笹川美季委員が務めます。

司会（笹川）：では，よろしくお願いいたします。「われわれはなぜ本を紹介す

るのか」と題しまして，人と本をつなげる立場におられるお三方をゲストにお迎えして，このテーマを掘り下げてみたいと思います。

　まず，もう一度ゲストをご紹介します。

　田口幹人様。楽天ブックスネットワーク株式会社ご勤務で，現在は合同会社未来読書研究所の共同代表をされています。

　大矢靖之様。文藝春秋マーケティング総局営業推進部ご勤務です。

　仲明彦様。京都府立洛北高等学校図書館で司書をされています。

　お三方はそれぞれ違った立場で日常的に本を紹介するということをお仕事にされている方々です。そしてそれぞれとても引き出しの多い方ですので，お聞きしたいことは山ほどあると思いますけれども，限られた時間の中ですので，テーマを絞ってお話を深くおうかがいできればと思います。とはいえ，ライブですので，ライブならではのお話も聞けたら嬉しいなと思っております。よろしくお願いいたします。

　ではまず，それぞれの方の自己紹介と，お立場から見た本を紹介することの楽しさや魅力，ふだんどういうところにポイントを置いて紹介をされているかなどをお話いただければと思います。

本を紹介することの魅力

大矢：文藝春秋マーケティング総局営業推進部［現・同局書籍営業部］の大矢と

申します。前部署ではマーケティングやプロモーションを経験しておりまして，さまざまな方からの書評を喚起する役割を担っていました。そのときには 20 万部突破のベストセラー『女帝　小池百合子』（石井妙子著，文藝春秋，2020），あと直木賞受賞作の『夜に星を放つ』（窪美澄著，文藝春秋，2022），今年の芥川賞受賞作『ハンチバック』（市川沙央著，文藝春秋，2023）

などの販売促進を担当しています。ほかにもいろいろ経験してきたのですが，ちょっと時間も足りませんし，興味がある方がいらっしゃったらWebで検索していただけましたら。パラレルキャリアの立場から，今回の本をすすめる営みについて，複数の目線から語っていけたらと思っております。

　本をすすめる魅力としては，今申し上げたとおり，昔も今も本をまだ見ぬふさわしい読者の元に届けるべく紹介することに，妙味，楽しさを感じていたりします。出版プロモーション元担当としては，適切な紹介者であるとか批評家とか，本を紹介する立場の人に，むしろ私が本がこういう読みどころがあると言って紹介することによって，興味を持ってもらえるような仕方で本をすすめて，それが書評などさまざまな露出に結びついたりもしていました。もちろん，自分自身が書評を担当することもありました。それは，読者に手に取ってもらうための意義や理由を伝える作業だったりします。そして，著者の問いや問題意識やテーマを，読者に語りかける作業でもあったりします。私が魅力を感じるのは，一言で言ってしまえば，「本の可能性をひらく」ことにあります。

司会（笹川）：ありがとうございます。では田口さんお願いします。

田口：田口でございます。よろしくお願いいたします。ちょっと眼鏡に色入ってますが，実は右目を病んでまして。チャラついてるわけではございませんので，すいません。よろしくお願いいたします。

　今日はお招きいただきまして，ありがとうございます。合同会社未来読書研究所という立場で今日来ているんですが，もともと書店員からスタートしまして，今は取次

というところにおりまして，新しい本屋を作る仕事をしています。そのほかに，学校図書館に特化した形でサポートをする「NPO法人読書の時間」をやっておりまして，いろんな立場があるんです。ですが，今日は書評家という立場で

お話をさせていただきたいと思っています。書店を辞めてからこの3年間，書評家という形で，『小説現代』，『小説新潮』，『週刊新潮』，あと『朝日新聞』等々で連載をずっとやらせていただいております。

　「書評」というものと「本を紹介する」ということの部分の違いですが，書評と本の感想の違い，書店員が書くPOPだったり，書店員が本を紹介することと書評家の紹介することは違うんですよ。そこらへんの部分をお話させていただければと思っています。

　本を誰がなぜ紹介するのかというと，そこはまさに先ほど大矢くんが言ったのと同じ話になっちゃうんですけど，本というのは，生まれてから死ぬまで，どんな場面にも出会えることができる本があるんですよ。必ずあるんです。あるんだけれど，今だと死んだあと，まさに生まれる前の本もあるわけですね。その中ですべてが誰かにつながってるはずなんですよ。でも，どこか詰まっちゃってるところがあるんですね。書店にもない，探してもない，図書館にもない。でも，その1冊を必要としている人が必ずいるんだと僕は信じている。その人にどうやったら手渡すことができるか，知ってもらうのかということが大事かなと思っています。

　僕はどちらかというと，伝えたということと伝わるということの違い，ここがすごく大事で，伝えるっていうことと，本当に伝わってるんだということの意味の違いを，書評について話しながらみなさんと考えられればなと思います。よろしくお願いいたします。

司会（笹川）：ありがとうございます。では仲さんお願いいたします。

仲：こんにちは，京都府立洛北高等学校の仲と申します。本年3月まで，図書紹介事業委員を務めておりまして，本来ここに座るに値する人間ではないんですけれども，最後のお務めかなと思って座っております。

　本をすすめる魅力と言いますか，そんな難しいことは言えないのですけども，私は雑誌『暮しの手帖』の表紙裏に載っている花森安治さんの言葉が大変好きなんです。「この中の　どれか　一つ二つは／すぐ今日　あなたの暮しに役立ち

／せめて　どれか　もう一つ二つは／すぐには役に立たないように見えても／やがて　こころの底ふかく沈んで／いつか　あなたの暮し方を変えてしまう」という有名な一文ですが，この言葉のとおり，本を通して，何か一つでも生徒の役に立てたならば嬉しいと思いますし，また，本の一文に人生を支えられることもありますので，本を通して生徒の心にほんの少しでも勇気が灯るようなことがあったらいいなという，そういう気持ちで日々過ごしています。本をすすめる魅力というのとは少し違うかもわかりませんが，ふだん図書館に携わっている気持ちというのはそんな感じかなと思います。

司会（笹川）：ありがとうございます。「本の可能性をひらく」など，その本がそれぞれの読者に出会うようにいろいろな仕掛けをされていると思いますけれども，本を紹介するときにターゲットを定められるかと思います。その定めたターゲットに対して紹介したときに，想定外だったり，想定どおりだったりと，いろいろな反応があるかと思います。たとえば子どもを狙ったらお母さんに刺さったとか。貸出数とか

売上以外で，お三方の印象に残っているリアクションや効果がありましたら教えていただけたらと思います。まず大矢さん，お願いします。

本を紹介する効果と醍醐味

大矢：先ほど申し上げたプロモーション担当作に，窪美澄さんの直木賞受賞作の『夜に星を放つ』がありましたけれども，あれはコロナ禍を舞台にした物語

でもあったわけです。いきなり到来したコロナ禍の中で，動揺しながらも日々の営みを続ける人々の姿が描かれていますけれど，それは当然リアルに通じる内容ですよね。出会い系アプリを通じて彼氏を作った人であるとか，病院に勤める多忙な母に会えないとか，義理の母もコロナに追われて育児の中でストレスを爆発させる中で孤独感を味わう子どもも登場するわけです。

　でも，この作品の中で一般の読者にうまく伝わらないことがありました。コロナの中で怖くて子どもを外に出せず，家の中で子どもと2人きりになってストレスを感じてしまう母の気持ちがわからない，という男性読者が多数いたのです。繊細な表現が読者に伝わらない点もあり，どうしよう，と思うこともありました。それでもこの本について私は，コロナ禍における日常と限界状況，あと状況によって変容するものと普遍的なものを描く物語であると，プロモーターとしていろんな人に「そういう物語なんです」と繰り返し訴えたんです。

　私はプロモーション担当として，マスで本が1冊でも多く売れるために仕事をする立場なので，作品の切り口を，誰もが経験したコロナというのをキーワードにして語っていったんです。直木賞受賞という後押しもあって，「ニュースウオッチ9」という番組の特集で紹介され，多くの人が手に取るきっかけを作ることができました。

　私はふだん，1人に向けて，誰か頭の中に友人や仮想の人格を浮かべ，その彼や彼女に訴えるような表現でプロモーションすることも多いのです。そんなペルソナを設定するやりかたの方が，本が広まることが多い。しかしこのときは主にマスに向けて，多くの人に1冊でも多く伝わればいいという切り口でプロモーションを行っています。作品がより広まる経験も楽しいものだなと改めて思ったりしました。

司会（笹川）：ありがとうございます。田口さん，いかがでしょうか。

田口：僕は書店員時代の話を二つさせていただこうかなと思っています。一つは，今の僕は書評家として歴史小説専門で書評を書いています。これを始めたのが25年ぐらい前で，その最初の立ち位置を作ってくださった方というか，思

いがけぬ反応があったのが髙田郁さん。『みをつくし料理帖』はみなさんもご存じで，貸出もされてるかと思います。その髙田郁さんが，まだ1巻目を書く前に原稿をいただいて読んだときに，「この人がこれからはスタンダード作ります」と，最初に僕が書評で書いているんですよ。角川春樹社長がいらっしゃって，「本当にこんなことを書いていいの？」という話になりました。あのとき，岩手県の小さい書店ですが大量に仕入れて売り，販売を始めていました。ものすごい数が売れて，いろんな方に知っていただきました。でも，たったそれだけのことなんですけど，そこから先，いろんなお客さんから「次の新しい作家さんは誰が来ますか」という話を本当によく言われるようになりました。これは非常に大事なことで，それからわれわれは，僕なんか特にそうなんですけど，新人作家さんはすべて読みます。ライト系の時代小説も含めて全部読みます。読んだ上で評価をすることが書評家の仕事だと思うので，徹底的に読んだ上で分析をするという仕事をして，それをお客様にフィードバックする。店頭にいたときは店頭でやっていました。今はそれを書評という形でやっています。

　もう一つは，たぶん後で出てくると思うんですが，「誰に対して届けるのか」という部分で非常に大事だったなと思うのは，僕は岩手県盛岡市の，駅にある窓口の書店のような役割をしているとこにいたんですけれども，そこでいろんなことを試しました。書店が何をその地域のみなさんにフィルターとして落とすのかということ，書物を仕入れるのかというときに一番大事だったのが，先ほど髙橋さんもお話されていた「3.11」のとき，東京の方はほとんどが原発事故の話だったと思います。岩手県は津波の被害が本当にひどかったので，もちろん盛岡も停電があって，亡くなった方もいて，さまざまなことがありましたけども，ようやく2週間，3週間ぐらい経ってから原発の話が増えてきたんです。原発の本が立て続けに出て，どんどん送られてくるんですね。それがまた書店のよさなんですよ。図書館と違って，書店は選ばなくても世相がどんどん入ってくるところなんです。この中で，それを置くか置かないかの判断をするのは書店なんですね。

　で，僕らは原発の本を全部返しました。さわや書店では1冊だけ，『吾が住み処ここより外になし　田野畑村元開拓保健婦のあゆみ』という本がありまし

て，萌文社さんから出ている岩見ヒサさんという方が書かれた本なんですけども，この方の本1冊だけを原発関連本で置きました。店頭に紹介文も置きました。POPではなく，しっかりと紹介文を書きました。

　書店も，たぶん図書館もそうなんですけれど，その本がいい悪いということ，さらに，一つの事象に対しての賛否を問う場ではないわけですよ。それは，自分たちが賛成であろうと反対であろうと，お客様，さらに利用者のみなさんがそれを見て判断をする場所であるわけですね。そのための判断の場所として書店はあってほしいと僕は思っています。

　そのとき正しい判断は何かというと，岩手県は，実は30年前に原発誘致をしておりまして，県議会の議決まで行ってるんです。そのときに反対運動をされた方が，岩見さんなんですよ。反対運動をしなければ原発が建ったであろう場所というのは，この間の震災ですべて水に埋まってました。波でさらわれてました。ということは，あのときもし賛成になっていたら，岩手県はもうなかったんですよ，という事実をまず知る。僕らは岩手で生まれ育ったのに，知らなかったわけですね。その事実を知る書籍がここにあります，ということを紹介する。そのタイミングで紹介することは非常に大事なことだったと思います。われわれ，岩手県の盛岡のさわや書店というところが一番何をしてきたかというと，岩手というフィルターを通したときに，この本が今お客様にとって必要なのかどうかっていう評価をしていたんです。これは実は図書館員さんも同じだと思ってるんです，僕は。それがすごく大事なことだなと思っていました。

　この本は，実はものすごく売れました。何回も重版していただいて，岩手県の中ではベストセラーに入るぐらい売れた本になりました。でも，それが売れたという以上に，僕は本を紹介することで，1冊の本がこれだけの輪を広げていったということ，しかも，そのときには世相があって，何かあったときには必ずさわや書店に情報が入ってきて，こういう事象がありましたと。そうなったときに，何を紹介してもらえますかという相談にまでつながっていくというのが，情報発信をして伝わったという結果なんだろうと僕は思っています。

司会（笹川）：ありがとうございます。仲さん，お願いします。

仲：お二人のすごい話の後に喋るのは大変難しいんですけども……。書評とか
そういう難しい話にはならないですが，今年自分が一つ嬉しかったことがあり
ました。私は本を読むとき，自分では「場所読み」と呼んでいますが，小説で
も内容や人物より，どこの土地が出てくるかで本を選びます。今日は文藝春秋
の大矢さんがいらっしゃいます。この前，久々に東野圭吾さんを読もうと思っ
て，書店で文春文庫の『容疑者 X の献身』を見ていたら，「清洲橋」という，
この会場の近くにある橋の名前が目に入り，それだけで本を買いました。そん
な自分なんですけども，今年「図書館だより」に 2，3 行の自己紹介を書きまし
た。京都府に向日市という小さな市があるのですが，私は「場所読み」で，今
は向日市の各所が登場する『手のひらの音符』（藤岡陽子著，新潮社，2014）を読
んでいます，というようなさらっとした一文です。そうしたらですね，1 年生
の女子が「この向日市の各所ってどこですか」と言って図書館に飛んで来たん
です。地元愛の強い女の子でして，とてもリアルだったのかもしれません。向
日市は，関東の方には馴染みのない町かと思いますが，ほかにも，水上勉さん
の『櫻守』には向日市が登場するよとか，推理作家の下村敦史さんが向日市出
身だよというような話をして，僕と同じ「場所読み」仲間の育成をしていまし

た。そんなふうに食いついてくれる生徒がいるとは思わなかったので，とても嬉しかったですし，とても短い文章でしたけども，自分としては気持ちを込めて書いた一文でもあったので，そういうのが伝わってよかったかなと思っています。

司会（笹川）：ありがとうございます。

『図書館雑誌』の「図書館員のおすすめ本」で私たちは発信をしているのですが，なかなか受け取り手の反応や感想，ご意見を聞く機会がないのです。今のお話で「そういう反応を見ることって大事だな」とすごく思いました。そこでおうかがいしたいのは，図書館の専門誌である『図書館雑誌』で「図書館員のおすすめ本」という，図書館の司書に向けて本を紹介するコーナーのことを，ぶっちゃけどう思いますか？　ということです。

そして，ふだんの業務の中で本を選んでリストを作ったりすることも，図書館の方は普通にされていると思います。特に年齢の低い方に対して紹介をするときに，たとえば東日本大震災やコロナ禍であるなど，いろいろ伝えていきたいものが世の中にはたくさんあるかと思うのですけれども，その事実を伝えたいのか，それともその事実を伝えるのにその本がとてもよくできた本なのか。たとえば，中村哲さんがアフガニスタンで武装勢力に銃撃されて何年というニュースが先日の報道で流れていました。それは，中村哲さんのことを伝えたいのか，それを教えてあげたいというその事実が先に来るのか，それとも中村哲さんの評伝や人物像を伝えるためにこの本はこういう切り口で作ってあるからすごく素晴らしい本なんですよ，というふうにすすめるのかという，本選びのところから悩むところがあります。そのあたりについてのお考えをおうかがいできればと思います。まず大矢さん，お願いします。

「図書館員のおすすめ本」とすすめたい本選び

大矢：興味深い論点，ありがとうございます。まず，「図書館員のおすすめ本」というコーナーのスタイルはかなり興味深いと思っています。それは，既存の

本をすすめるプレイヤーとは異なる立ち位置からの紹介になるということで，非常に興味深い。それは立ち位置的には，毎日本にかかわっている書店員と教育者の中間ぐらいに位置しているのではないかなと思っています。だから，そこでは本の内容紹介も当然しなければいけないが，レファレンスの中でこの本を読むべきと区別する作業も入るため，批評性みたいなものも求められる。そのバランスを取りながら伝えることが求められるように思う，というところではやっぱり興味深いです。

　ただ，その中間にあるがゆえに，さまざまな立場からの誤解や批判を受けかねないプレイヤーであるかなとも思っています。というのは，たとえば教育者，学校教職員とか教授陣とかにやや近い立ち位置であるがゆえに，その紹介は図らずも権威性を持ってしまう，あるいは教化性を持ってしまうのではないかということです。物心つくかつかないかという児童にとって，図書館の人の推薦書っていうのは，もしかしたら学校の先生と似たような権威感とかを感じはしないか，読まねばならない本だとか，そういうふうに受け取られざるを得ないのではないか，という意味合いで申し上げています。

　そもそも本の良し悪しを判断する立場にあるのか，という批判を受ける可能性すらあります。もしかしたらそこで言われる良書とは児童や市民にとってなんでありうるのか，という問いを受けることがあるかもしれません。あるいは，これは書店員がかつて批判を受けた点ですが，一部の書評家や書評を仕事にしている人から快く思われない可能性もあります。たとえばある批評家の方が，書店員が書評を行うことについて本を読むプロではないのではないかと批判をしたことがあります。私個人は，本をすすめる資格はどの立場にでもある，と明言したいですね。この批評家の方とは異なる立場です。

　ただ——ただと言っておきますが——本を公共の場で肩書きを名乗ってすすめる人，あるいはそれを推進する人々は，その立場が周囲からどう見えるか，その立場の限界を越えていないかどうか，それによって引き起こされるものがあるかないかなど，そういった事柄に自覚的であってほしいと思うことがあります。これは，私がかつて書店員であり，研究者でもあり，そして Web のサービス運用をしていた人間でもあり，出版社員でもあり，というさまざまな立場

であらゆる非難を受けてきた自分としても，自戒を込めて申し上げたいところです。

司会（笹川）：ありがとうございます。田口さんお願いします。

田口：はい，右に同じで，僕もほとんど同じ考え方です。「図書館員のおすすめの本」でみなさんが紹介し合っている，そのコミュニティの中でというのはどんどんもっとやられたらいいと思うし，なんでもっと盛んにやってないのかなって思っているぐらいです。

　僕は，「図書館員のおすすめ本」を存じ上げてはいたんですが，細かく見ているかと言ったら実は見ていないです。僕がわざわざアクセスしに行く状況にはなっていなくて，正直個別のものを全部見ていないので，何とも申し上げられないかなと思っています。あくまでも図書館員のみなさんが選書の一つの基準としてやられていることだと思うので，みなさんの参考になっているのであれば，全然それは価値があることなんだろうと思います。

　一司書が本を紹介するということですね，ここがすごく難しいところです。僕は立場上，どんどんやった方がいいと思うんです。なんでもっとやらないんだろうって思ってるぐらいなんですよね。ただ，先ほども大矢くんがおっしゃったとおり，公共の立場なはずなので，その立場の方が，公の図書館を名乗ったところで話をするときに約束ごと，ルールというのが決まってるのかどうかがわからないんです。それは図書館ごとでも違うだろうし，個人でやられる分には全然何をやったっていいと思うんですけれど，でも「〇〇図書館司書」というものがついた段階で，公的な部分の意味合いがどういうものになっているのかが僕らはわからないです。

　けれど，これだけ多くのみなさんが「本」にどう出会うのかというときに，図書館から本を借りて読む，本に出会うタッチポイントは図書館なんだということはものすごく多いわけです。ですから，司書のみなさんがもっともっと情報を発信するというのはすごく必要だと思っています。そのときにやらなきゃいけないのは，やはり図書館員に向けてよりもお客様に向けて，利用者に向け

て，さらにまだ見ぬその読者に向けてどう発信するのかということに，より目を向ける方が，やはり内輪の議論から脱却できるんだろうと思っています。これは実はすごく大事なことです。

　僕は今，書評をやっていて，書店員時代に「本読んでいない奴らが」って言われていましたが，僕は年間で 250 冊以上読むんです。それも 30 年やっているんです。だから，別に読んでないわけではない方だと思っています。読んでいない方じゃないと思うんだけど，冊数じゃないんだって言われるわけです。そのとおりなんですけれど，ただ歴史時代小説については本当に体系的にやっているので，おそらく現役の書評家の方々——現役って言っても，今まだ 90 代が現役なんです。上がつかえてまして，なかなか僕のとこにお仕事が降りてこないんです。なかなか難しいところではあるのですが——今そういう状況の中での書評となったときに，どこで誰にすすめるための書評なのかということと，自分が誰なのか，何者なのかっていう部分から，書評を組み立てる必要があります。そこらへんを明確にしていない状況では，なかなか難しさがあるんです。

　僕らは明確に今「書評家です」と言って書評を書いていますので，自分の中での自分の価値観と，自分はこういうものですということを全部お伝えした上で書いていて，それで僕らは書評を売っているんです。なので，明らかにどの本が売れたか，もしくはページビューがいくらあったかということが，実は非常に翌年の更新には効いてくるわけです。マーケティングもちゃんとしています。こういうことをこういう形で投下して，こういう形で言葉で書いて，何をフックにしていくと，この本が手渡されていくという実感があるのです。

　そこらへんの部分は僕らはやってるんですけども，司書さんはこの立ち位置をまずしっかりと持った上で，ここまでやっていい・悪いの基準やルール化をして，大きく広げていく，より多くの方に本を届ける，自分たちのエリアだけではないところでも本と誰かを結んでいくような役割を担っていただけることがすごくいいんじゃないかなと思ってます。

司会（笹川）：ありがとうございます。私たち司書ですと，本を 1 冊 1 冊批評するというよりは，背後に何万冊という本を抱えているところからいろいろな

引っかかりどころがあって，タッチポイントを利用者さんや生徒さんに見せていくということをやってるのかなと考えてしまいました。

田口：1個だけいいですか。そういう意味では，すごく限られた本なんです。だから楽だと思うんです。たとえば5万冊の在庫というものだけでやればいい。僕がやるときは実はそうじゃなくて，今まで出版されたものすべてが対象になります。そこが違うと思うんですよね。だから，僕らはマーケットインの考え方なんです。図書館って基本的にプロダクトアウトの発想なので，そこの部分の違いが実はすごくあると思うんです。

司会（笹川）：ありがとうございます。仲さん，いかがでしょう。

仲：「図書館員のおすすめ本」について，どうでしょうと言われても，今年3月まで図書紹介事業委員だったので，非常にこれは難しいですね（苦笑）。そんな高尚な話はできないです。秋本委員長がこの事業の経緯をおっしゃっていましたけれども，それはさておき，『図書館雑誌』にこういうコーナーが今までなかったのが不思議だなと思っていたのが1点です。それから，これは事業の目的とは違うと思いますが，私が原稿を依頼させていただいた方のうち，半数が日本図書館協会（日図協）非会員の方でした。そういう意味では，日図協に接していただくよい機会かなと思っています。私自身は毎月毎月原稿を拝見させていただいてとても役得だったなと思っています。選書やレファレンスや展示のヒントとして，とてもよく活用させていただいています。

　ただ，最初の願いとして，図書館員だけでなく，「広く一般読者と本との出会いを演出できるようなもの」ということがありましたが，その部分はまだまだハードルが高いと思います。逆に，どういう取り組みなら，一般の方にも少しでも「図書館員のおすすめ本」のことがアピールできるかということを教えていただけたら嬉しいと思っています。私なりに試みたことはありましたけれど，実を結びませんでした。

司会（笹川）：ありがとうございます。

立場を越えて本と人をつなぐ

司会（笹川）：終了のお時間も近づいてきましたので，最後の質問です。出版社，書店，図書館でのすすめ方やマーケットイン，プロダクトアウトというキーワードも先ほど出てきました。本の紹介の仕方が立ち位置によってかなり違うと思いますが，本と人をつなぐというところで共通点があるかなと思います。これまでのお話を振り返りつつ，私たちが本を読む人を増やすために，その本を読むことをすすめること，PR することで私たちが一緒にできることはあるか，ということについてお考えをお聞かせいただければと思います。何か，ここを足場にすればいいんじゃないかというヒントをおうかがいできますか。大矢さん，お願いします。

大矢：出版社・書店と司書の本の紹介について共通点はいくらでもあるし，届くべき読者に届けようとする点では共通点がありますね。ですが，むしろ私は今のご質問の趣旨と違うかもしれませんが，プレイヤーとして異なる点の方を

強調したいです。それは田口さんの言っていることの言い換えでしかないかもしれませんが。

　図書館員の方々の本の紹介は，書店や出版社と違って，本を売るということを目標にはおそらくしていない。では貸出冊数なのかと言えば，違うとも思っています。本をすすめる目的とゴールが違うというときに，それ以外に図書館員の方々の推薦っていうのは，本をめぐる利害関係から比較的自由でいられる。その反面，図書館員の紹介というのは，出版社や書店目線から何を目指しているのか見えにくいという側面もあります。主に売上が目的の出版社・書店に対して，本をすすめることで寄与するものは何なのか。それは数字なのか。本が広まることなのか。広まりは誰もがわかる数字で評価できるのか，されなくてもいいのか。しなくていい，数字なんかいらんって言い切っても全然いいと思います。いろんなところから数字を求められることがあるかもしれませんが，「教育というのは数字じゃない」と言い返してもいいのではとも思います。

　話を戻しますが，足場が違う，目的が違うというところは，実はけっこう大きく効いてきているような気がします。

　その上で「じゃあコラボできるのか」というと，もちろんできると思いますが，何をどこまでやるか，そしてSNSを利活用するのかということが争点になるのかなと思っています。少なくとも書店は必ずしも図書館と対立してはいませんが，友好関係はそれぞれです。むしろ敵視している人もいますが，おそらく，書店と図書館と県が一致団結して本を市民にすすめていくという鳥取県をはじめとした取り組みを見る限り，書店と図書館の連携でできることは多そうです。あるいは大学内のブックセンターのような形で密接な関係があったり，それを作りやすい土壌があれば，書店内での「図書館員のおすすめフェア」などが可能だし，それを出版社がSNSで広く進めることもできると思います。ただ，「出版社」と「図書館」という二項（対立）になると話は微妙です。何をどこまで出版社がやればいいのか，そして図書館の方々が何を求めるのかが見えないところもあるからですけれども。

　たとえば，本によく書店員のおすすめとか作家さんのおすすめコメントが載っているように，本の帯に図書館員のおすすめコメントを載せられるかとい

うと，よっぽどコピーライティングが優れていなければ難しいと思います。書店にいらっしゃる方々の購買欲を誘ったり，売上向上を求められたときに，よほどキャッチコピーが優れていればあり得るかもしれないが，書店あるいは作家の推薦文で買っている人がいる反面，図書館員の推薦文で本を買うという人はあまり前例がないです。そうした取り組みをいきなり行うのは難しいです。

　ただし，SNSを利活用して図書館員がその本についてどういう見方があるか，おすすめのコメントが広がるのであれば，デジタルマーケティング的な言い方をすれば「UGC」（ユーザージェネレーテッドコンテンツ，ユーザー生成コンテンツ）を活性化するようなことが起きるのであれば，出版社の目線も変わってくる。図書館の方々が本をおすすめしたことがバズって，それが本の売上や認知につながるのであれば，出版社の目線は一気に変わってくると思います。SNSで本が売れたというのは，一般の方々や一部の書店で成功例があると思います。そういった図書館発の成功例があると，出版社は協力しやすくなるんじゃないかと思っています。長くなりましたが，以上です。

司会（笹川）：ありがとうございます。田口さん，お願いします。

田口：はい。僕はもともと一緒にいろんなことをやっていました。どんなことをやってきたかは，手塚さんから聞いてください。図書館がなさってきたことで，われわれも一緒にかかわらせていただいたことがたくさんありました。僕は，より親密にいろんなことで結びついていくべきだと，実は思っています。そのときに大事なのは，相手が誰なのかということなんです。

　僕にとって「図書館」という場所は，みなさんが思っている場所ともしかしたら考え方が違うかもしれませんが，どちらかというと手塚さんがいる「オガール紫波」に近い思想の人間なので，さまざまな地域にいる，目の前の地域のみなさんなんですよね。地域のみなさんに何が提供できるのか，図書館を通じてこれだけ数多くある本の中からセレクトして集めたっていう責任がみなさんにあるわけです。その中でそれをいかにこの地域のみなさんに使っていただくのか。先ほど申し上げたとおり，それをすべて手に入れる可能性がある場所が

本屋なんですよね。だから，図書館と書店の二つです。しかも，書店員は別に本を選んでるわけでもなく，ただ書店員は「ここに置かない」本を選んでいるのです。欲しい本だけを仕入れているわけではなく，置かない本を選ぶ，ということが実は非常に大事です。これをしっかりとやっているということが，実は今まであまり表に出ていない書店員の仕事なのです。

　図書館員さんも同じなのです。これがここの利用者に必要なのかと考えながら本を選ばれると思うんですよ。僕は「良書」についての価値観は人それぞれであっていいと思っていて，Ａさんが良書といってもＢさんが良書といわないこともやっぱりあるわけですよね。本は100人いたら100通りの読み方があっていいと思っていて，それを公平にお届けするということが図書館の役割であってほしいと僕は思っています。

　書店は商売なので，先ほど大矢くんが言ったように，どちらかというと利権側の方にものすごく近いところで僕は生きているので，「この本を売る」ということが大事なのです。そのときに，どういう売り方で売るのかという手法がたくさんあるのです。いろんなことをやるので，数が出て，それがコメントとして使われることあるわけです。先ほど挙がりました『手のひらの音符』の帯は僕が書いていますが，そういうのはいっぱいあるんです。実は僕，解説も書かせていただいたりしていますが，この人がやるからこう売れていったっていうのは，結果でしかないわけです。

　だから僕はさっき大矢くんが言ったように，図書館員のみなさんがすすめた本を多くの人に見てもらう場所はすごく必要だと思っていて，それが，語弊があるかもしれませんが，図書館員のみなさんのコミュニティだけじゃないところに飛び越えていくことの方が実は大事だと思ってるんですよ。さらにそこを飛び越えたときに，今日ここにいらっしゃるみなさんが書かれている書評が，自館の利用者さんにどういうフィルターで落としていくんだったらうちの図書館で使えるよねって見方で見たらいいと思うんです。僕はどちらかというとそれが実はすごく大事だと思っていて，それは書店員でも一緒なんですよ。

　書店員のおすすめの本は，手塚さんが本当に図書館に置いてくれるし，僕らがやったものにパネルまでつけて置いてくれるんです。そういうことをずっと

連動してやっているのです。だから僕はあまり壁も感じていないし，特にこれからの読者をどう作るのかということ，この部分はこれから本当に一緒になって連携しなければいけない，二つのプレイヤーなんじゃないかなと思います。

司会（笹川）：ありがとうございます。仲さん，お願いします。

仲：まず，この図書紹介事業が始まった経緯として，「出版界と図書館をつなぐ事業」にという思いもあったと思います。具体的な案を考えるほどの能力が私にはありませんが，今日こうやって出版社の方が来てくださったり，日図協でも今「書店・図書館等関係者における対話の場」というのを行っているとうかがっています。少しでもこの事業にかかわった者として，出版社や書店の方とつながっていける場として，この事業が発展していったらいいなという願いはずっと持っています。今日は本当にたくさんの方に来ていただいて，嬉しいなと思っています。

　学校図書館での取り組みについて，私の知っている範囲でご紹介します。同じ京都の「京都府私立学校図書館協議会司書部会」では，毎年中高生におすすめする司書の「イチオシ本」というブックリストを作られて，日販のご協力も得て京都府内一円の主要な本屋さんで毎年ブックフェアを実施されています。私が勤める府立高校も，今後それに協同していくような話も出ています。このように，リストを作ってブックフェアをする取り組みなどが一つ。また，いくつかの都道府県では，高等学校の研究会などが主催し，「ご当地大賞」の取り組みを行っておられます。「埼玉県の高校図書館司書が選んだイチオシ本」や，「神奈川学校図書館員大賞」（KO本大賞），「でーれー BOOKS　岡山の高校図書館プレゼンツ」などが有名です。大賞に選ばれた著者にコメントをもらったり，大賞発表をライブで中継して，そこに著者や出版社の方に実際に出演していただいたり，トークショーを行ったり，そういう取り組みを実施している都道府県がほかにもあります。そんな感じで，できるところからやっていけたらいいなと思っています。本を読む人がどんどん減っていく中で，少ないパイを書店と出版社と図書館で取り合っても仕方ないと思いますので，いろんな協力

をしていけたら嬉しいなと思っているところです。

司会（笹川）：ありがとうございました。大矢さんのおっしゃった「図書館の人が何を目指しているのかがすごく見えにくい」というところで、「対象にどう伝わってるのか」というところも含めて課題というか、コラボしたいと思う気持ちはあってもそこに対して何から始めたらいいかで悩むところはあるのですが、そういうところからヒントが見えてくるんだとすごく思いました。手塚さんのいらっしゃる紫波町図書館や仲さんの高校図書館など、すでに実施しているところもあるので、そのような図書館のお話ももっと聞いていきたいですね。ご意見をいただきまして、ありがとうございました。

　では、みなさんからも質問等いっぱいお聞きになりたいことがあるかと思いますが、この後で質疑応答の時間がございますので、よろしくお願いいたします。

総合司会（手塚）：田口様、大矢様、仲様、そして笹川さん、ありがとうございました。

3. 質疑

総合司会（手塚）：それでは質疑応答の時間に入ります。質問のある方がいらっしゃいましたら，挙手をお願いいたします。第1部の髙橋さんたちへの質問でも大丈夫です。いかがでしょうか？

仲：大矢さんにあえてうかがいます。図書館員のキャッチコピーを帯に載せるのは難しいということをおっしゃっていて，そのとおりだと思いますが，たとえば「王様のブランチ」で紹介などのコピーが，新聞の図書の広告に付されていることがありますよね。あと出版社のホームページを見たら「何々新聞の書評で，何月何日に紹介されました」と載っていることがありますよね。そういう感じで，「図書館員のおすすめ本」で紹介されましたと載せることもやっぱり難しいですかね。私はちょっとそれを狙っていたところがあって，自分が原稿執筆を依頼して『図書館雑誌』に掲載された紙面を，「図書館員のおすすめ本」に紹介されましたと，幾度か出版社にお送りしていたのですが。

大矢：難しいですね。「図書館員のおすすめ本」は多くの人に知られているメディアであるとはまだ言えないように思うからです。対して「王様のブランチ」や新聞書評は，本にかかわる誰もが知ってて，売上に直結するという実績と権威を持っているからこそ，帯やホームページでも紹介されます。
　だから司書の方々が本をおすすめするという「図書館員のおすすめ本」の存在感と知名度をそれらのメディアの水準まで上げないと，掲載は難しいと思います。「図書館員のおすすめ本」を知らない人に，そこで紹介されたことをポジティブに受け止めてもらうことは難しい。今の知名度で，書店に置くきっかけや売上につながるかというと，かなり難しいのではないでしょうか。
　ただ，たとえば図書館員の書評がほかのメディア，たとえば『週刊読書人』に掲載・転載されましたとなれば，多少の権威性を持つ。そうなると，メディアに紹介された話題の書と示していることになって，図書館員の紹介が書店に

置いてもらうきっかけに結びつくことになるかな，と思います。

仲：ありがとうございます。

田口：でも，中高生におすすめする「司書のイチオシ本」って，書店でこれだけ展開しているとすれば，日販に言って作らせたらいいんですよ。

大矢：そうですね。うん。

田口：そうするとたぶん作ると思うので，それでいけると思います。そして，これを『京都新聞』に取材してもらうというのが一番かなと思います。そうすると帯が載るので，そこがすごい大事なところなんですよね。

大矢：そういう一連のパッケージが揃っていれば，書店に置く理由，そして売れる理由，話題性にはなるかもしれませんね。

総合司会（手塚）：ほかにはいかがでしょうか？

参加者：お話，ありがとうございます。仲さんの「どこの土地が出てくるのか」，「土地読み」をするいうお話があって，私としても身近な土地とかが出てくると非常に嬉しい気もします。それにつきまして，自分の興味・関心のある土地というところは，本のタイトルだと土地までわからなかったり，帯だけだとどうしても細かいところまでわからなかったりすると思いますけれど，そういったところはどういうふうに探されていますか？

仲：探すというより，本をペラペラとめくっていると，地名や場所の名前に，自然と目がいくという感じです。一番わかりやすいのが，東野圭吾さんの『白夜行』ですね。最初はこういう一文なんです。「近鉄布施駅を出て，線路脇を西に向かって歩き出した。」布施は電車でよく通りますので，もう「近鉄布施駅」

だけで買いました（会場から笑い声）。先ほど触れた『容疑者 X の献身』も，ペラペラとめくっていると，「清洲橋」という名前が目に留まって，「あー，今度日図協へ行くし，そこに立ち寄れる」と思って買いました。ここに来る前に清洲橋に寄ってきました。

参加者：ありがとうございます。まるで聖地巡礼みたいな形ですね。

総合司会（手塚）：ほかにはいかがでしょうか？　どんなことでもいいです。

参加者：静岡県の図書館で働いています。今日はありがとうございました。図書館員が本を紹介することの難しさですけれど，私の勤め先でも「図書館だより」で本を紹介しています。ほかの図書館とちょっと違うかもしれないのが，自治体の広報誌の中の 1 ページということなのです。私も勤務先を一度変わってることもあって，以前は図書館単独の「図書館だより」で本の紹介をいろいろ出していたのですけれど，今回，自治体の広報誌で紹介するとなったときにかなり違うと感じたことがありました。書影を掲載するために許諾を取るのですが，1 回断られたことがありました。それはなぜかと言うと，もう販売していないのでそれは困りますと言われたのです。図書館員からすると，もう流通していないものこそ紹介したいところもあって，そのへんの意識が全然書店さんとか出版社さんとは違うと。図書館員自身が全然自覚がないとすごく感じたことでした。やっぱり自治体の広報誌に出る本の紹介には「2 年以内に出版された書籍に限る」ことや，「小説は除く」といった，マスに向けた感じの紹介になっているのです。そういうところは，それまで作っていた「図書館だより」とはけっこう違うなと感じていました。それで，書評を書くことでお聞きします。私も新聞書評を読むのが好きでチェックしますが，読んでその文章に満足してしまって当該書籍を読まないことが多いのです。書評が好きな人はけっこうそういうところがあるかなと。それは結局「届かない」になるのかなと思ったりするのですが，そういう読み手に対してはどう思われますか。

田口：それはあると思います。僕もそれを目指しています。逆に言うと，書評だけで満足してもらえるような書評を書けたら一人前だと思っています。ある意味，満足してもらえるぐらいの書評っていうのはおそらく多くの方に届くんですよ。だから，結論から言うと，1人の方は買わなくても，多くの方が買っていただけるものになっているんだろうと僕は思っていて，それはもうそれでいいんじゃないかと思っています。読んだ気持ちになってもらえるぐらいの書評になったんだなと。自分が書いた書評だったら喜びます。

　あとは先ほどの広報誌の部分ですが，やっぱりあくまでもその公の機関が住民のみなさんへお知らせをする広報の場合，どうしても規約があると思います。そこの中で何を紹介されるのかは当然制限される，あってしかるべきなものだと思っています。そこは公の機関である難しさなんだろうと思います。

　許諾については，おそらくその出版社ごとの判断があるのです。おそらく許諾を出す出版社は許諾を出します。少なくとも僕もかかわったことがありますが，許諾いただくことはよくあるのです。広報誌だからといって NG ということは特にないと認識しています。ただ，出版社によって立ち位置があります。書店以上に出版社の方が立ち位置がありますので，そこは "NO" という判断は当然出てくるだろうと思います。

大矢：今の書影利用のところでいくと，私はプロモーション部で許可を出す側にいたのでお答えします。文藝春秋では，絶版の書籍は「そもそも書影の許可を出す立場にない」という回答をします。ただ，公共の教育にまつわるものでの書影利用はそもそも許可をとらなくてもいい。このへんはややグレーゾーンかつケースバイケースなところがあるのですけれど，たとえば研究のための利用であれば書影を使えるわけです。あと言い添えておくと，文藝春秋は，品切れのものに「販売していないのでそれは困ります」という回答をすることはありません。

参加者：最後にもう 1 個だけ。最初の話に戻るんですけど，図書館員に対して書店の方や出版社の，今日お集まりの方のような方が，もっと流通や，われわ

れの意識が高まるようなお話の場を設けていただけたら嬉しいと思いますが，それについてはどうお考えですか。

田口：呼んでいただければ，喜んでやらせていただきます。

大矢：呼んでいただければ，喜んでやらせていただきます。

参加者：ありがとうございました。

総合司会（手塚）：ほかにはございますでしょうか？

参加者：本日はありがとうございました。図書館で働いている者ではないですが，事情がありまして，『図書館雑誌』の「おすすめ本」を毎月すごく楽しみに拝見しております。仕事に飽きたときにペラペラと見て，「あ，この本今度図書館で借りよう」っていうふうにいつも利用させていただいています。先ほどのトークの中で，「本を読む人を増やすためにどうすればいいか」という議論があったかと思います。一般市民，学生だったら司書さんが図書館にいらっしゃっておすすめの本を聞けると思うんですけれども，企業勤めの私からするとどこで図書館の方のおすすめの本を知ることができるのか全然わからなくて，個人的にはもっと知りたいなと思っているんですけど，どこで情報を得られるのか教えていただきたいなと思いまして，ご質問しました。

大林：図書館員がおすすめしている本の情報をどこで得られるか，ですよね。難しい。

大矢：私が「SNS の利活用がもうちょっと必要じゃないか」と申したのは，それもあります。あるいは，Web に掲載するとかでもいいですけれど。

大林：公共の図書館で公式の SNS で発信しているところもありますので，そ

のあたりを検索してもらえば出てくることはけっこうあると思います。あとは，Web 上っていうと，どうなんですかね。X〔旧 Twitter〕等で司書が個人的にというものもよくありますし，それを追っかけてる人は追っかけて，時々ちょっと燃え上がったりしています。

田口：そうなんですよね。個々人が個々人の SNS を探してみるかというと，もはやそんなにやらないじゃないですか。興味がある人は当然やると思いますが，「みんながここにアクセスすれば見られるよ」くらいになっておくことがすごく大事です。たとえば，日本図書館協会のホームページに全員の X のおすすめの情報を全部流すようにしておけばいい話です。そうするとここに集まるじゃないですか。それだけのことなんですよね。たぶんできないと思うけれど。そういうのがあると，「図書館員の方が本をおすすめしています」と言ったら，「じゃ，ここ見ればいいんじゃないか」と，答えとしてあれば，みんながもっと気軽に見ることができるんじゃないかなと僕は思うんです。僕もそういう立場です。確かに探してみてわかんないもんね。

髙橋：私から逆にちょっとローカルの方に振ります。さっき田口さんのお話の中で，紫波町図書館ではその地域側にいるというお話があったと思います。大都市の東京の図書館と地方の図書館では立ち位置も違うだろうと思いますが，地方に行けば行くほどその感が強くなると思うんです。地域の図書館の図書館員と仲良くなって気軽に聞くというのはありなのかなというか。

田口：そうそう。近くにこうやって気軽にお話できるような，近くに行ったときに話を聞きに行けるような関係性が築けているなら別だけど，なかなか多くの人がそうじゃないのは当然あるんですよね。
　「読者が減っている」という話が出たので言いますが，読者って減ってないのです。この 20 年間の傾向を見ると，とにかく小学校や中学校の子どもたち，読んでいる・読まされてるのも含めて，読んでいる人がずっと増えているのです。そして高校生は変わらないです。実は去年に至っては 20 年前より 0.1 ポ

イント増えているのです。放っておいても半分の人は本を読むし，半分の人は本を読まないのですよ，日本人は。だから，これが答えなんです。これって昔からずっと変わらない。人口が減ってるから，減ってるように見えるけれど，「本が売れている＝読書」じゃないんです。本を買う行為は読書じゃない。読書といっても違うところにあって，その部分は当然だと。だから，図書館というのは，基本的に本を読んでいる人しか来ないんですよ。本を読む50％の人が来るんです。みなさん図書館を使うんですよ。逆に言うと，本をまったく読まない人は来ないんです，乱暴な言い方をするとね。だから，その残りの50％にどうやってアプローチするのか，この部分をやっていかない限り図書館の利用者は増えない。

　逆に言うと，書店は本を読まない人も来るのです。普通に誰でも来られる場所なの。立地さえ合えば誰でも来ていいし，別に本を読まなくてもいいし，入れる場所なんです。これが書店のいいところであって，そこに図書館と書店のコラボの一つの意味があるんじゃないかなと実は思ってるわけですよね。だから僕は，書店で図書館員のみなさんのフェアをどんどんやったらいいと思うし，先ほどの話も本当にいい話だし，より本が集まるところに図書館のみなさんが出て行って，図書館というものを背負った形で本を紹介するのです。地域の中で本をどうやって紹介していくのかということのハブとして，図書館も書店もお互いに使えるものを使っていったらいいのになと，僕はずっと常々思っています。

大矢：そう，今のとおり，お互いを補うこともできるとは信じています。私は大手書店の都心部に勤めていましたが，あの地域のたぶん3分の1ぐらいしか「そこに書店がある」，「大きな店舗がある」ということを知らなかったと思います。たぶん認知度はその区，その市区町村の3割。これは非常に厳しい見方かもしれませんけれども，まずそうだろうと思っています。ただ，残り7割にどうやって来てもらうかっていう努力を，常に集客のためにしていましたし，それを図書館との協業によって，図書館は書店を紹介し，書店は図書館を紹介するというような，うまく循環ができるようになると，またかなり違ってくる

んじゃないかなと思っています。

大林：「図書館は本を読む人だけが来る場所」という話がありましたけれども，それをなんとかしよう，本を読まない人も来られる，そして本に触れる可能性を高めようという動きをしている図書館は，あることはあると思うんですけれども，まだそんなに一般的でないというか，むしろ「そんなの図書館じゃない」という意見もあります。そこをどれぐらい説得力を持って，本を読まない人に図書館へ来てもらうことの重要性を共有していけるかが大切だと思いますね。そこでもちろん書店とのコラボもあるし，出版社とのコラボっていうのもやっていかないと，読者層や読書文化を広げていくのは難しいのかなと。

髙橋：「本を読む人／読まない人のパイ」という点で言うと，図書館という文脈の中で学校図書館や教育機関もあるじゃないですか。幼稚園，保育園とか。そこにはみんないるわけですよね。その年代の人は全員いるよって話です。そういうところで，本の啓発と言ったらあれなんですけども，あくまで「子どもだから」と見られてしまうと「そんなにいっぱい売れるわけでもないし」となってあまり力を入れにくくなるかもしれないんです。図書館と出版界，書店の連携となるとだいたい公共図書館が前に出るんですが，学校の方がたぶんパイとしては多いと思うんです。読まない人ももちろんいっぱいいるという点とか。そこがお金を多く持っていないと思うんです。そのあたりは今後の改善で開ける道なのかなと思ったりしますね。

田口：そうですね，おっしゃるとおりです。われわれの「NPO 法人読書の時間」は完全に学校図書館に特化した形で動いていて，出版界ももう学校図書館には特化してるんですよ。でも，公共図書館と出版社がなかなか連携できない理由もやっぱりあります。どうしても「貸与権」という部分が当然出てくる話なのです。そこには積極的に乗れないんだよねという方がいっぱいいるわけです。そこについての難しさは当然あるけれど……。そう言うとこの時間で終わらないんで，またの機会で呼んでいただいたときに。

仲：今の髙橋さんの話についてですが，私が最初に赴任した学校は京都でも田舎の方で，書店がないところだったのです。京都の市町村でも，書店がない市町村が本当にどんどん増えています。学校図書館司書の立場で言うと，児童・生徒の読書インフラを支えるのはもう学校図書館しかないという思いでやっております。私の住んでいる市もこの 10 年間でどんどん書店がなくなって，大型のショッピングセンターに入っている 2 書店を除くと，いわゆる「街の本屋さん」は，あと 1 軒しかないです。本当に寂しいです。

　それともう一つ，「図書館員のおすすめ本」は日本図書館協会のウェブサイトの中に掲載されているんです。ただ，そのページまで行きつくのが大変。そこまで検索する人は，関西風に言えば「そんなやつおらんやろ」という感じです。もし今後，書名を検索したら，「図書館員のおすすめ本」のページが検索結果の上位に行くようなシステムに改良ができるならばいいなと思っています。私はレファ協（レファレンス協同データベース）のサポーターもやっていますが，レファ協のレファレンス事例は，検索したときにけっこう上位にくるんですね。そのような仕組みをうまく作れたらいいなと思っています。

総合司会（手塚）：そろそろ終了のお時間が近づいてまいりました。いったんこれで質疑応答を終了したいと思います。みなさま，ありがとうございました。

4. まとめ

総合司会（手塚）：それでは最後に，秋本委員長より本日のまとめのご挨拶を
お願いいたします。

秋本：今日は，パネラーのみなさん，本当にありがとうございました。書評に
まつわる楽しい話がありました。私は今日の話で一番よかったなと思うのは，
先ほどの質問で「仕事に飽きたときにおすすめ本を読んでもらえる」というお
話で，図書館員以外に「おすすめ本」を注目している方がいたんだということ
を初めて知りました。本当に嬉しかったです。この企画をやった意味がありま
した。そして，パネラーのみなさんからいろいろご意見をうかがいましたが，
まだまだ「図書館員のおすすめ本」は，われわれの世界では知っている人はい
ますけども，外の方はほとんど知らないし，先ほど大矢さんが言っていました
ように，出版社で使えるとしたら『週刊読書人』に掲載されたことで使えるか
なというお話をもうかがいました。そういう意味では，パネルトークの中にあ
りましたように，これから SNS を駆使する，あるいは自分たちの書いた書評を，
執筆者の図書館でも活用してみるとか。もっともっと私たちが書いた「おすす
め本」を利活用する方法はあると，今日パネルトークを聞いて思いました。今
後私たちも，これからずっと「図書館員のおすすめ本」を続けます。続ける中
で出版界からも，あるいは書店の方からも「日図協のおすすめ本か。だったら
使ってやるか」と思ってもらえるくらい広く頑張っていきたいと思った次第で
す。今日は本当にありがとうございました。

総合司会（手塚）：秋本委員長，ありがとうございました。以上をもちまして，
図書紹介事業委員会主催「Live！図書館員のおすすめ本　人はなぜ本を紹介す
るのか」を終了いたします。本日はご参加いただきまことにありがとうござい
ました。

5. 当日配布資料

Live! 図書館員のおすすめ本

人はなぜ本を紹介するのか

日時：2023年12月4日（月）15:00～17:00
場所：日本図書館協会会館2階（研修室）
定員：50名程度
参加費：日図協個人会員1000円、非会員1500円
主催：公益社団法人日本図書館協会図書紹介事業委員会

クロストーク

君はなぜその本を推すのか

本と人とお酒の好きな2人が語り合う30分間
やるぜ日図協！！

益子町地域プロジェクトマネージャー

<ruby>大林<rt>おおばやし</rt></ruby>　<ruby>正智<rt>まさとし</rt></ruby>

愛知県豊橋市生まれ。好きな文章を書く人にはチャーシューを2, 3枚オマケする癖がある（ラーメン店勤務経験ナシ）。ウイスキーはテネシー，焼酎は宮崎，ビールはチェコなど，好きな土地優先。

田原市中央図書館，豊橋市まちなか図書館，という「愛知県のちょっとおもしろい図書館」2館を経て，栃木県益子町へ。新しい「ちょっとおもしろい図書館」づくりに邁進中。

著書に『ROCK司書の図書館ライブ』（郵研社），共著「ちょっとマニアックな図書館コレクション談義」シリーズ（大学教育出版，樹村房），『ラジオと地域と図書館と』（ほおずき書籍）。

南相馬市立中央図書館　司書

<ruby>髙橋<rt>たかはし</rt></ruby>　<ruby>将人<rt>まさと</rt></ruby>

山形県生まれのラーメン好き。文章を書くのは好きだけれどなかなかうまく書けないことが長年の悩み。ビール・ワイン・蒸留酒…とお酒はなんでも飲むが，人生最期の一杯なら日本酒をのみた…いや，ワインも…嗚呼，愛しのアイラモルト…。

福島県の南相馬市立中央図書館勤務。新館オープニングスタッフを務め，東日本大震災の震災対応，復興時期の中央図書館勤務を経て，現在は移動図書館で市内を駆け巡る。

共著に「ちょっとマニアックな図書館コレクション談義」シリーズ（大学教育出版，樹村房）。

2023年12月4日　日本図書館協会イベント　Live! 図書館員のおすすめ本

ブライアン・ウィルソン＆ザ・ビーチ・ボーイズ

ポール・ウィリアムズ著　五十嵐正訳　シンコーミュージック　2016　¥2,300（税別）

　ザ・ビーチ・ボーイズの芸術的成功の頂点とされるアルバムは『ペット・サウンズ』である。それまでの彼らの作品に比べ内省的で，革新的だったそのアルバムは（少なくとも発売当時としては）決して商業的に大成功したとは言えないが，ロックの歴史に彼らの名前を刻むことになった。

　その名盤『ペット・サウンズ』の次に来るべきアルバムが『スマイル』だった。本書はザ・ビーチ・ボーイズの作品としては未完となった『スマイル』がいかにして失われ，そして違う形で再び光を浴びたかを，約40年にわたって追い続けたロック評論家の物語である。

　幻の傑作の断片に出会った評論家は，その断片の周りを回り続け，併走し続ける。その振る舞いを読み進むうちに読者は，ビーチ・ボーイズの中心人物であるブライアン・ウィルソンという人間とともに，著者のポール・ウィリアムズに関心を向け始める。いったいこの男はなぜこんなに『スマイル』にこだわり続けるのか，と。そしてその疑問は次の疑問へと連なる。それほどまでにこの男を執着させる『スマイル』とはどんな著作物だったのか，と。

　著作物が生み出され，受け手に届くまでの流れの中に評論家の仕事はある。図書館員の仕事（の一部）も同様である。生成から評価まで，時として想像を絶する時間を必要とするその流れの中で，どうしたら本当に著作物を「届ける」ことができるのか。

　「ザ・ビーチ・ボーイズについての本はありますか」と問われたら，検索して手渡すことは容易である。ただその本を本当に必要とする人に「届ける」ためには，どれだけの知恵と工夫，そして情熱（もしかしたら執念）が必要になるのだろう，と考えさせられてしまう一冊である。

（大林正智：田原市図書館）

ブラック・スワン　不確実性とリスクの本質 上・下

ナシーム・ニコラス・タレブ著　望月衛訳　ダイヤモンド社　2009　各¥1,800（税別）

　大きな地震とともに“想定外”と称された歴史的な事故が日本で起こってから，はや6年がたとうとしている。この6年の月日は被災地に生活の足音と，別の土地にまた新しい災害を無表情に運んできた。規模の大小を問わず，まだ見ぬリスクに対して人々は知識とデータを根拠に予測を試み，未来を想定し，対策を考えている。一度切ってしまった“想定外”というカードを使うことは，もう許してもらえない。

　本書中では，現実的に起こる確率の低い，しかし起こってしまえばとてつもない衝撃を与え，なおかつ想定することが困難な事象を「黒い白鳥」と呼び，いろいろな角度から考えを深めていく。浮き上がってくるテーマは「未知の未知」や「予測の限界」等。私たちが未来の黒い白鳥に対してどう準備すべきかのヒントがあちこちに散りばめられている。ただし，そのヒントはもしかするとわかりづらいかもしれない。地図はあってもナビゲートまではしてくれない。本書においてはそのこと自体にもきちんと意味を持たせている。大災害やテロに限らず，身近なところで私たちの今の環境を大きく変えてしまう事象に，どう向き合っていくのか。拾ったヒントをパズルのように組み合わせていく体験こそが本書の醍醐味である。

　リスクに対する準備というテーマを扱った類書に『最悪のシナリオ　巨大リスクにどこまで備えるのか』（キャス・サンスティーン著　田沢恭子訳　みすず書房　2012）がある。こちらは「1パーセント・ドクトリン」の概念を採用し，主に費用対効果の面からページを進めていくが，2冊を並べることで「ブラック・スワン理論」の輪郭がよりはっきりと浮かび上がる。より多くのヒントを手元に置くために，こちらの本も（少し専門的ではあるが）ぜひお薦めしたい。

（髙橋将人：南相馬市立中央図書館）

Live！図書館員のおすすめ本
－人はなぜ本を紹介するのか

日時：2023年12月4日（月）15:00〜17:00
場所：日本図書館協会会館2階（研修室）
対象：日本図書館協会会員、一般の方
定員：50名程度
参加費：日図協個人会員1000円、非会員1500円

•••• **プログラム** ••

0. 図書紹介事業委員会のご紹介　　（秋本敏委員長）

1. クロストーク「君はなぜその本を推すのか」
　　登壇者：大林正智委員（栃木県益子町地域プロジェクトマネージャー）
　　　　　　高橋将人委員（南相馬市立中央図書館）

2. パネルトーク「われわれはなぜ本を紹介するのか」
　　ゲスト：田口幹人氏
　　　　　　（合同会社未来読書研究所共同代表）
　　　　　　大矢靖之氏
　　　　　　（文藝春秋営業推進部　元フェリス女学院大学非常勤講師、元書店員など）
　　　　　　仲明彦氏
　　　　　　（京都府立洛北高等学校図書館、元図書紹介事業委員会委員）
　　司　　会：笹川美季委員
　　　　　　（東京都府中市立図書館、日本図書館協会認定司書第2012号）

3. 質疑

4. まとめ（秋本敏委員長）

•••

Live! 申込方法

専用申込フォームより必要事項を入力・送信してください。

問合せ先：公益社団法人日本図書館協会
　　　　　図書紹介事業委員会（事務局：小林）
　　　　　e-mail　shuppan@jla.or.jp

専用申込フォーム

6. Live！図書館員のおすすめ本　アフタートーク「時は来た！」

日　時：2024 年 3 月 6 日（水）午後 6 時〜7 時　オンライン（Zoom）
登壇者：**大林正智，髙橋将人**（図書紹介事業委員会委員，クロストーク登壇者）
　　　　長沖竜二<ruby>長沖竜二<rt>ながおきりゅうじ</rt></ruby>（図書館総合展事務局，Live！参加者）

大林：こんばんは。じゃあ始めましょう。よろしくお願いします。
　今日は「Live！図書館員のおすすめ本」（以下，「Live！」）のアフタートークとして，お集まりいただきました。ここで読者のみなさんにもわかるようにご説明しますね。なぜ今回このアフタートークに長沖さんもお越しいただいたかというと，長沖さんも「Live！」会場に来てくださって，楽しんでくれたからです。「Live！」終了後，私と長沖さんは SNS などを通じてやり取りをしました。それによる気づきもあったことから，この「アフタートーク」という，後書きみたいな位置づけになるページに「参加者」の視点を加えていただきたいと思い，お招きしました。
　ということで，まずは長沖さんから感想をいただきましょう。

参加者は「Live！」をどう見たか？

長沖：はい。まず私の立ち位置をお示しするなら「ストレンジャー」です。日本図書館協会（日図協）の会員になったのも1年前です。私は図書館員ですらなく，今の仕事は図書館総合展の事務局です。なので，たとえば図書紹介事業委員会がどういう研修を行っているのかも知りません。この会の意図も知らないまま，タイトルに惹かれて入ってきました。

　今回の「Live！」は，よくある研修のように，結論や筋立てが決まっていて，最後にどう落とし込むかが決まっているものと思っていたら，私の好きなものに例えるならプロレスに近いような展開を見せていて，それが面白かったというのがまず第1です。当初は「書評や紹介文ってこういう効果を発揮してるんだよ。みなさんもこちら側に向かいましょう」って結論でしゃんしゃんと終わるのかと思っていたのですが，全然違うところに流れた。

　まず，第1部が大林さんと髙橋さんのクロストークでした。「書くことってやっぱり意味があるよね」，「書くっていいよね」って，「いろんなこと考えて書いていて，その結果としてこんないいことありますよね」という話があり，「なるほど，司書さんたちはこんなふうに感じておられるんだ」と聞いていました。

　そして第2部で対立軸が現れます。プロレスで例えるなら，ベビーフェイスに対するヒールみたいな感じでしょうか。田口さんは「図書館員が書いた書評は読んだことがない」とおっしゃいました。なのに，「そもそも図書館員の書く紹介文の面白さや価値はどうなんだろう？」ってこともおっしゃる。大矢さんは「（図書館員なら発揮してもよいはずの）権威性があるわけでもない」ということをおっしゃった。

　これは第1部からの流れで考えるとディスられてる？　と捉えられかねない発言です。図書館員は，この世界に影響力のある人が相手だろうが，怒らなきゃいけない場面なのに，会場のみなさんが「あーーー」って，聞いて「なるほど」って感想を言っていたのにはびっくりしました。そこから自分の中でモヤモヤしているうちに「Live！」が終了したので，終わった後に考えなきゃいけないことが多すぎました。面白いふうに考えることができた点でとても面白かったで

す。

登壇者は「Live！」をどう見たか？

大林：ありがとうございます。「図書館員，怒らなくていいのか？」と。それでは，髙橋さんも感想をお願いします。

髙橋：私はこのイベントの検討段階からかかわっていましたけれども，最終的な落としどころは最初から考えていなかったと思います。長沖さんは今プロレスに例えてお話されましたけれども，自分たちと違う軸で活躍する人と話すことで，これからの道が見えたらいいよね，くらいで企画していた気がします。

　実際，当日蓋を開けてみたら，私はパネルトークを通して「図書館と出版」の未来に向かう分かれ道が見えてきた気がしました。突っ込んだり戦うのも一つの道，考えるのも一つの道，スルーするのも一つの道，みたいな。ただ，そういう多様な道が見えた「だけ」とみれば，確かに広がったままの終わり方だったともとれると思います。

　そのようなことをこのブックレットにまとめて，アフタートークも含めて「こういうお話をどう考えますか」という構成に仕立て上げられるのは面白いかなと思いました。

大林：ありがとうございます。「見えた『だけ』でいいのか」ですね。では，私も全体的な感想をお伝えしておきます。まずは，「Live！」を企画している時点で「どうなんだろう？　人は来てくれるんだろうか？」と思ったんです。メインの対象者を図書館員と想定しましたが，図書館員ってこういう情報を必要としているんだろうか，と半分迷いながら始めました。けれど，おそらくけっこうな数の人が関心を寄せてくださって，参加できなかった人も含めて，「地方開催があるなら行きたい」とまでおっしゃってくれている人もたくさんいましたので，そういう需要があるというか，本を紹介することに多くの人が関心を持っていると感じました。当日の会場でもそれは感じましたし，そういう意

味では企画の意図は間違ってなかったと思います。

　最初からこの企画は図書館外の方からの声を聞く，一緒に話すことが肝でした。図書館員は内向きとか，内では元気みたいなことを言われがちですので，そこに外の視点を持ってきて，図書館員の本紹介に新しい展開が生まれたらいいなっていう考えがありました。あとは単純に図書館員と，書店さん，出版社さんの方との交流が生まれたり，広がったりするといいという意図だったんです。その点についてもいろんなことが見えてきたかなっていう気がしております。

「Live！」後の感想戦：本を読まない人でも行く場所は「書店」か「図書館」か

大林：では，本題に入りまして，SNS での反論問題。これ，すごいですよね。SNS 時代のイベントだなって思います。簡単に説明すると，本編の中で田口さんからの「本を読まない人は図書館には来ない。書店には来る」というお話がありました。これに対してけっこう「逆じゃないの？」という反応が SNS であったんです。私が主に見たのは図書館員の反応でした。「書店のことはわからないけれども，図書館には本読まない人いっぱい来るじゃん」っていう声が多かったと思うんですね。それは「おぉ」と思いました。本編の中でもそれに反応しているのですけれど，私も「図書館は本を読まない人が全然来ないわけじゃないですよ。新聞を読みに来る人もいるし，ちょっと休憩しに来る人もいるし，本を読んでいる人 100％じゃないですよね」とは思う。ただ，それは「じゅうぶん来てくれている」と言えるのか，と。私の前の勤め先（豊橋市まちなか図書館）は，それまで図書館に来なかった人もたくさん来てもらうことを意図した図書館で，本を読まない人でも来たくなる，来られるような図書館を目指していました。ですので，従来の図書館は基本的に本を読む人が来るところだったという考えで，そうじゃない人を誘い込みたいっていうのが新しい図書館の意図なんですよねっていうお話をしたと思います。でも，そうでなく，スタンダードな図書館でも本を読まない人がたくさん来るよっていう声が強

かったのにびっくりしたっていうか，「そうか，みんなそう思ってるんだ」って感じでした。どうでしょうか。お二人もそういう声を耳にしたと思いますが。

長沖：そのことについては，事実誤認とか，（来店者・来館者の）範囲の取り方なので，そこは僕は追いかける必要がない指摘だと感じていました。ファッション誌を読むことを「本を読む」と捉えるかどうかみたいなこと。『週刊女性』を見てるような人は，本は読んでいないじゃん，みたいな。時事ネタがたまたま紙に載っているからページをめくってるだけの人が来たのを，本を読んでる人とカウントするか，読まない人とカウントするか。そういう人を挙げて「あ，本を読んでない人が来た」と言っても，それはおかしいし，意味がない。他方，昔ながらの図書館はファッション方面のビジュアル本や，下世話なものの所蔵が低いですよね。そういう本を読む人っていうのを「本を読む人」にカウントするかしないかで答えが変わる。利用者には違いがないにしても。これは言葉の解釈とか場の取り方の話だと思ったので，僕はスルーしていました。

髙橋：どこで切り口を見つけるかの話ですけれど，本を読まない人が来るよ，来てほしいよって言ったときの，「本を読まない人」の定義の違いなのかなと思ったんです。長沖さんもおっしゃった，箸にも棒にもかからない本を読む人が読者なのかっていうところとは別の視点で，図書館でやっぱりいろんな人が来てほしいよねとか，いろんな人が使えるように敷居を低くしたいよねとか，そこに対しての価値づけをしようとしてきたというか。あるいは社会教育施設としての役割という切り口とか。たとえば，不登校だったり学校に行けない人が，「第三の場所」として，プライベート感覚を残しつつ社会に触れ合うことができる場所としての役割。誰でも来ていいんだよ，本を読まなくても来ていいんだよっていうところに役割を持とうとする流れがあるんじゃないかって。逆に書店だと，本を読まない人は，要はお客さんになってない人の一部みたいに考える見方になりがちなんじゃないかと。私も書店で働いたことがありますが，いろんな人に来てもらって本に触れてもらって，買ってもらうまで行くのかどうかわからないですけれど，最終的には商売ってそういうふうになると思

うのです。その「お客さん」になってないけれども，こういう形で本を届けたいよという絵があるなら，確かに書店でも本を読まない人だって来てほしいし，テーマパークの中の書店とかだったら，「買う気のないお客様を引き込むしかけ」なんていうのは狙って当たり前の考え方だと思うので，そのことを細かく追いかけても仕方ないと思っているところは私も同感です。ただ，価値がないやり取りだったのかと言われると，両者の「違い」を丁寧により分けていくような分析をすれば行き着くところはあるという感触を持ちました。

大林：今回面白いなと思ったのは，おおむね図書館員は「いやいや，逆なんじゃない」って言っているけれども，書店側の人は「いやいや，図書館より書店の方が本を読まない人が来るんだよ」って言っているらしくて，お互い違う意見や見解を持っていることでした。それは，「本を読む」という言葉の定義もありますし，その視点の違いがここで明らかになったというだけでも一つの価値があったかなと思うんですよね。

　書評もそうです。書店や出版社が扱う書評とか本紹介と，図書館が扱う本紹介が違うというのはもちろんそうでして。書店さんとか出版社さんから「売れなきゃしょうがないんだよ，図書館の人が書いても売れないでしょ」って言われると，それはそうですよねと。じゃあ図書館の本紹介は売るためのものなのかっていうと，そうじゃないんだよねというのが見えてきた。それがよかったっていうところで，本を読まない人が図書館に来る・来ない問題とリンクして，違いが見えてきたのかなって気がしていますね。

髙橋：「売るための紹介じゃない」っていうところで，司書側や図書館側に，「売ってみてもいいよな」と思う人がいてもいいんじゃないかなと思いました。いや，売上実績とか何らかの数字を持ってないじゃんって言われたときに，「いやいや，書いて数字出ましたけどどうですか」っていうのが一番楽で効果的じゃないですか。「図書館員や図書館関係者が書く書評・おすすめ文はそこを目指していない」のは事実ですけれど，そうするとどんどん離れていくじゃないですか。その「おすすめ」っていうところに対して，「いや，図書館は図書館の

おすすめで，書店は売るためのおすすめ本だから，別にそこは図書館に関係ないよ」ってやるのが今後の正解なのかって問われると，そこは歩み寄ってもいいところで，「やってやるよ」っていう人がいてもいいんじゃないのと思います。ベストセラー本の帯を図書館員が書きましたっていうことも今後あってもいいんじゃないですか。書店員はもうあるじゃないですか。普通に売れているベストセラー本に「どこの書店員がおすすめしたよ」って巻かれていたりするので，そこに図書館員が入っていくのも，それは本筋じゃないかもしれないですけど，時代的にありだと思いました。

大林：私も本の帯になる人が出てよって思っているし，なんなら自分が書くよ，みたいなところもなくはないんですけど，歩み寄るっていうのはまたちょっと違うかな。お互い学び合うことはできるかなとは思うんですよね。

　当たり前ですけど，田口さんの書評とか読むと，そのレベルの高さに「うわっ」「勝負できるわけないわ」って思ったりもします。そういうことにちゃんと図書館のみなさんは直面しましょうよ。ここにこういう書評を書ける人がいると。目的は違うかもしれませんが，同じ本を扱っていて，こういう人もいるし，こういう人もいる。その中でそれぞれがどういうことをやっていくかっていうのは，お互いのことを見た方がいろいろ進むんじゃないかと思うんです。今回がそういうことのとっかかりになってたらいいですよね。図書館現場で「自分は売れる書評書いたるわ！」みたいな人が出てくるといいなあ，と。

長沖：田口さんは，たとえばサッカーだとストライカーです。けれど本をすすめる人全員がストライカーである必要はありません。つまり，特定の1冊が売れるために本をすすめるのではないプレイヤーって世の中にいっぱいいますよ。たとえば大学の先生同士で「この本がいいですね」って言い合うのは，その業界自体がなくなるとご飯が食べられなくなるので，業界を支えるためにそれぞれがこの本を読んできなよとお互いにやりあってる部分がありますよね。だからこそ，次にストライカーが本を出したときに買ってもらえる。

　例をもう一つ言いますと，学校司書や司書教諭が本をすすめる企画について

です。あれもその1冊が売れてほしいのか，トータルとして子どもたち全体に健全に育ってほしくてリスト化しているのかよくわかりません。たぶん，その合わせ技で本をすすめているのです。その本が売れればいいと思ってるというよりは，本当に売れるかどうかは関係なく，子どもがこういうふうに育ってほしいと思っている要素もありながら本をすすめているからあの選択になってるのでしょう。本が1冊でも多く売れればいいって言ったら全然違うリストになります。

　つまり，全員がストライカーじゃないのだよってことと同時に，もっとメタな目的についてやっている図書館員の「本のおすすめ」は，堂々としていて然るべきです。図書館の人だからメタになっていいというか，そもそもメタな目標にまい進できる立場として公務員をなさっているわけです。目標値は「1冊を売りたい」に比べてすごく高い。ワンパーパス（一つの目的）のためのワンアクションみたいなことをするなら，公務員じゃなくて民間でやるべきという話です。つまり，「Live！」の中で講師のお二人に向かって，俺らはメタ目的だし，ワンパーパスじゃないし，という反論を言う人が出てもよかったんじゃないかなと思ったりもします。

大林：みんなストライカーじゃなくていいというのはもちろんそうです。私が思うのは，本の生態系の中で，ストックの部分を図書館が主に受け持っていて，フローの部分は書店さんが持っているっていうことですよね。その中で，フローの方が元気がないとストックもできない。とにかくストライカーが点を取らないことには，誰も試合を見ない。そういうことではサッカー自体が困るので，ストライカーにはどんどん点を取ってもらう。そして違う部分でそれぞれのプレイヤーがゲームを支えればいいのです。ただ，さっきの髙橋さんの話「ベストセラー本の帯を図書館員が書きました」じゃないけれど，ディフェンダーが思わぬところで点を取ったりすると，それも面白いじゃないですか。ゴールキーパーがゴールを決めたりすると面白いので，それもあるといいかなと。

髙橋：長沖さんが言ってくださったような，（商売目的でなく）もっと違う目

的で図書館は本を紹介しているんだという気持ちは，当たり前なものとして持っている気がします。図書館員が「本を紹介してよ」って言われて紹介をするっていうことって，だいたいそこじゃないですか。

　こちらの意図はさておき，図書館員が利用者へ「この人が面白い本を読みたいって思ってるのかな」，「この人は何を面白いって思っているのだろう」とインタビューすることは日常的にやっているし，それを文章にもすると思います。今回のイベントの中で考えると，図書館の司書はベストセラー本で紹介文を書かない傾向があるような気がします。それはストライカーとその他のプレイヤーの役割の違いが感じられる点というか。出版界と図書館でも，同じ方向を向いてお互い刺激しあったり切磋琢磨したりするならば，そこにどんなリスペクトが生まれる可能性があるのかと。現状の役割分担の中で出版側から図書館側へのリスペクトの点でいうと，出版社で絶版になった本を持っているということ，大林さんがおっしゃった「ストック」の価値ですね。その地域にしかない地域資料の収集の面でも重用されていると思います。けれど，もし今後，図書館員が出版側に「本を紹介する」という点でリスペクトを持ってもらえるとするなら，それは同じ目線で「ストライカーが出せるかどうか」だと思うんですよね。たとえば「ディフェンダーは出るけどストライカーなんて出せないじゃん，あんたたちのところの育成から出たストライカーなんて使えないよ」っていうところに対して，「いや，うちからでもストライカー出せますよ」っていうことが，「あんたのところの育成でもやっぱそういうの出せるんだ，すごいね」ってなるのかなって個人的には思いました。

大林：そのへんもあってかと思うんですけども，髙橋さんはもっとテクニカルな，たとえば紹介文は文章を読者に読んでもらわないと始まらないんですけども，その文章を読んでもらうための何かっていうのを，そのみなさんへ伝えたいことがあったのかなと思ったんですけど，それは「Live！」当日にあんまりうまく引き出せなくて。

髙橋：なるほど，私が明後日を向いてましたね（笑）。第 1 部のクロストークは，

どちらかというと，こんなテクニックであなたの書評のレベルが上がりますよという内容ではなくて，気軽に書評を書きましょうという話をしていました。実際書評を書くことにハードルを感じている図書館職員はけっこういると思いますし，それはいろんな理由があると思うんですけれども，そこのところを越えていけたらという話で。「自分に自信がないのなら，こういうふうに越えたらいいんじゃないですか」とか，「求められてる誰かに届けばいいんだったら，全員に認められる文章じゃなくてもいいんじゃないですか，そういう文章の切り口ってこうですよね」っていう感じになってましたね。ストライカーの話はもっと全体を見てのことです。もちろん今回は図書館を背負って話をしたわけではなくて，あくまでそこの会場にいる人たちがお互いこういう価値観を感じていますよという意見交換という趣旨でしたからね。

　実際今回のイベントで，出版業界の方が図書館の人のことをこういうふうに見ているんだなとか，図書館員がおすすめ文のことをこういうふうに思ってんだなという意見がわかったのはいいことでした。田口さんや大矢さんの意見も書店業界や出版業界のみなさん全員が思っていることではおそらくないと思います。私のさっきのストライカーの話も，今回のイベントの全体を見たときにこうかなっていう切り口だったので，そこは第1部とはかみあってないなって思いました。

いつ何時，どの本でもすすめている図書館員

大林：なるほど，そういうことですね。

　じゃあ，この話題はこのへんにしておいて，なぜ人は，図書館員はその本を紹介するのかという話に移ります。なぜ紹介することに躊躇してしまうのかっていうことも含めての話ですが，長沖さんとのやり取りで，「図書館員の本紹介っていうのは，すすめることが目的なのか，それとも誰かにその本の情報が届くことなのか，あるいは図書館員が本紹介を上手になることによっていいことがあるから本を紹介しようよって話なのか」という話がありましたね。

長沖：ええ。図書館の人って，日常的に本を買っていますよね。自分のお金じゃ
ないけど。買っていること自体がもうすでに「利用者におすすめしている」わ
けです。外から見るとね。蔵書構築，書架の生態系を守るために買ってるもの
もあるとは思いますが，原則としては，買うことを通じておすすめしている。
私たちが個人で本を買うときだって，自分に「この本はいいよ」って自分に言
い聞かせないとその本は買わないです。図書館の人も，選びながら並べながら
ずっと誰かに言い聞かせているはずです。具体的には「たくさんのひとり言」
を言っている。この点で，すでに十分すぎるほどすすめているじゃないですか。
そんなにたくさんすすめているんだから，紹介として1冊書くことなんて楽勝
でしょう，みたいに感じてはいます。数で言ったらもう書評家どころじゃない。
毎週やってますよ。僕は図書館員ではないので感覚がわからないですが，お二
人にお聞きしながらそう思いました。

大林：イベントでも言ったような話ですが，図書館に本があるのはその司書が
選んだからであって，だからそこには必ずその「おすすめ本」的な，「なんで
この本を買ったか」っていう理由があるんですね。それは長沖さんがおっしゃ
るとおりで，本のおすすめ文を毎週何百冊も書いているようなものですよ。そ
の理由をわかってもらうためにおすすめ文を書くというのも，一つの目的なん
じゃないかなと思うのですよね。極端な言い方をすれば，図書館員は図書館に
あるどの本についてもおすすめ文を書けるようにしておくべきだと思います。
その中でいろいろと取捨選択するわけですけど，何についても書けるんだっ
ていう，そういう意識で私はやっていますし，図書館員ならそう思ってもいい
んじゃないかな。選書担当をすると，毎週1,000冊ぐらいの新刊情報をざっと
見るんです。その中で，買うものについては何か意見というか考えを持つわけ
です。それはたとえば面白そうとかそれぐらいなんですけど，そういうひとり
言を言いながら，この本はこういうユーザーに届くかもしれない，この本があっ
たら，たとえばその図書館のあるまちにとってこういういいことがあるかもし
れない，と考えながら選書するわけです。それはある種のおすすめ文なのでは
ないかと長沖さんに言われて，そうか，そうかもしれないねと思った次第です。

髙橋：選書した本の新刊ほぼすべてに POP をつけていた後輩が職場にいますね。1週間で3桁ぐらいの本が入ってくるのですが，なんで選んだのかっていう，そこの切り口からまず入って，あと本の内容にちょっと触れてみたいな感じの簡単な POP をつけていました。業務量が増えてきてしまったために今はやっていないです。長沖さんがおっしゃった1冊の本をすすめるなんて簡単じゃないかっていう話ですが，この本はこうだよと人にすすめる難しさも，書評を書く人たちはもちろんわかってると思います。面白さは読む人それぞれじゃないかとも実感しているというか。図書館員が書いている書評やおすすめ文を見てみると，何々がこうだから面白いんですよって述べるおすすめ文はけっこう少ない。近年の社会的な動きがあるからそれを学ぶのにこの本はいいですよとか，どこかしらにこのやっぱり切り口，社会的意義というか，この本全体が持つ意味を書こう，見つけようとするのは，傾向としてあるかなと思いました。

　なので，面白い本を伝えるのも日頃の業務ではもちろんやっていますが，人の目の届くところに書評文として文章を書くとなると，ただ読みやすくて娯楽的な本よりは……となる気がするというか。

　図書紹介事業の委員をしていると，そういう本がいっぱい上がってくる気がしませんか？

大林：もしかすると，そこらへんがイベントの中でも言われていた「図書館の教化性」っていうのにつながるのかもしれません。図書館の人が「社会的に意義のある本だから読みなさい」って言っているように見られるのは，私は不本意というところがあります。社会的に意義がどの本にもあるのは当たり前であって，その中で何を紹介するかというところが面白い。ただ，あまり社会的意義の方に振りすぎると，「読んで面白い本」を出すのが難しくなるんですよ。ハードルがすごく上がるんですよね。それは図書館の現場での本紹介とか，『図書館雑誌』のような媒体での本紹介でやるべきこととはちょっと違うのかなと。だから私は，どうでもいい本を紹介したくなっちゃうんです。社会的意義のあまりなさそうな痛風の本（＝『痛風の朝』キンマサタカと全日本痛風連盟編，本の雑誌社，2021）をおすすめしたりとか，ギターをたくさん集めてよかったねみ

たいな本（＝『忌野清志郎ロッ研ギターショー　愛蔵楽器写真集』田坂圭取材・文，星野俊撮影，リットーミュージック，2017）を紹介したりする。

高橋：その社会的意義みたいなものがない本を紹介したくなるっていうのが，すごくよくわかります。

長沖：主要紙の書評欄には1週間に20本ぐらいが入っています。あれとてです，〈新〉を〈聞〉する媒体なのに，時事社会的なテーマの本だけでなく，義理やいろんな関係にもよると思いますが，撰者が面白いと思ったものもまぶして，なんだかわけのわからない構成になってます。司書の人もみんな見ていますからああいうリストには馴染みがある。たぶん権威を背景にしている新聞だからできるという部分はありますが，もちろんパレスチナの話とウクライナも混ぜはするけれど，残りの18冊は「なぜここでその話が出てんですか！」みたいな感じの20冊にしてるという面白さがあります。そもそもガチガチの時事的関心だけでは暮らしてはいない。真面目で〈教化性のある〉図書館も，新聞の書評欄のばらけ方みたいにやってみたらどうかなみたいなことを思ったりはしますね。今，髙橋さんがおっしゃったことは，すごくわかります。社会，ぶつけられてる。社会，あるいは季節ね。その両方をぶつけられてる感じって，いつも図書館で思っています。

大林：たとえば公共図書館の場合は蔵書の多くが税金で買った本であるわけですし，社会的な意義がないように見られるのも困るんだけどという，そのバランスですよね。
　あと「図書館の自由に関する宣言」で，図書館員の個人的な関心や好みとかで本を選ばないですよっていうことがあるので，そういう面から本をおすすめするのを躊躇するっていうところもあるんだろうなとは思います。

長沖：ほとんどのことは〈物は言いよう〉なので，個人的なことでも何か公的に見せることっていうのは，ほぼどんな本でもできると思っています。だって

著者と同じ感性の人，共感できる人が，著者本人だけじゃなくて，1,000 人とか 2,000 人もいるから本として成立している。しかもその共感者が増えたらいいなあと思ってるから本にしています。読者を増やすつもりがないなら本も書かないです。という点で，どんなことでも公的であったり私的なものだっていう感覚になれるような気がします。

髙橋：現場的な感覚としては，やっぱり自分の図書館に入れた本をできるだけ知ってほしかったり，使ってほしかったりという立場でおすすめ本を選んで紹介文を書くことが多いと思うんです。長沖さんのおっしゃったとおり，図書館や利用者さんの意見で選んで所蔵している本ですから，どこかを切れば役に立つところがあって，こんな役に立つ本が図書館にあるんですよーみたいな紹介を書くことも確かにできますね。

大林：たとえば「図書館員のおすすめ本」だと，よく書いてくれる人でも，多くても年に 1 回ぐらいじゃないですか。ですので年に 1 回というと，何をどう出そうかって考えるんですよね。いろいろ考えて 1 冊選んで書きますが，たとえば毎年同じ著者の本をおすすめしたら，「ほかにもなんかあるだろ」って思うじゃないですか。毎年同じ出版社の本とか。"年 1" だとそういうことが起こる。だから，日常的に本を紹介していれば，その中で普通にバランスは取れると思うんですよね。だからどんどん紹介すりゃいいじゃんって思いますよ。典型的な社会的意義のある本とかをおすすめするならば，次はバカみたいな本とかたくさんやればなんとなくいいんじゃないかなと思うんです。数が少ないと，そこに何か意味が生まれてきちゃったりして，バランスが悪くなる。だからたくさんやればいいのかな，と。

髙橋：私がさっき「社会的意義」という言葉を使いましたが，それは『日本十進分類法』の 3 類（社会科学）の意味ではなくて，人間社会，人間が生きる上で何かしらの切り口を持つみたいなことを言いたかったのでした。時事性も含めてです。たとえば，今だったら，サッカーのプレミアリーグで日本人選手が

すごい活躍しているっていうときに，日本サッカーの育成の本を出してみて，今こういう現状があるけれども，そこに対してこういう日本のサッカーの育成の本が出た，これはこういう視点で社会的意義があるじゃないかって言ったら，政治経済っていうところからは外れますけれども，現代社会とつながってるという，そういう意味で「社会的意義」と使ってたんですけど，なかなか不適切でしたね。

大林：いえいえ，だいじょうぶです。スポーツでも音楽でも料理の本でも「社会的意義」を帯びる，帯びてしまう。3人ともその認識で言っていると思います。

　それはそうと，そもそも図書館や図書館員の仕事は，コレクションビルディングとレファレンスです。どっちも書評や本紹介とかかわっています。なので，本紹介は司書とか図書館員の本来業務なのか，おまけ業務なのか，それともやらなくていい業務なのかって言ったときに，その本紹介をしないとレファレンスもできないし，蔵書構築もできないでしょう，と。さっき長沖さんが言ってくれた「たくさんのひとり言」が言えないようでは蔵書構築ができないっていう話です。そういう意味では，その象徴となるのが本の紹介文ですし，躊躇しなくていいと思うんですよね。

この道を行けばどうなるものか

大林：図書館と書店さんや出版社さん，そして長沖さんのようなお仕事の方も含めて，図書館員や図書館がいろんなところや人とつながっていけたらいいなと思うんです。そういう展望を話しておきたいと思います。この話もブックレットになって，本を紹介している図書館の人たちのことを考えていこうっていう本になると思います。そういう人たちのために「連携」というか，とにかく外を向いて，外へ開いていく，ということをしていきたい，と考えています。長沖さんはどうでしょう。

長沖：そうですね。私は，1冊の販売を増やすということはストライカーに任せて，もっとメタなことを私たちがやっているのだと，その自信を持ってやった方がいいと思っています。1冊の本をすすめる場合でも，裏の意図としてメタ目的をもっておく。後から参入してきて，書評家のみなさんと同じ土俵と同じ目的で，売れるための書評を書くというのでは，後から来た二流のプレイヤーになってしまって面白くないですよ。やはり面白いということが大事なので，そのへんは具体的に何かというのはみなさんで考えてくれると出てくると思いますし，今日は時間がないから言いませんけれど，連携ってそんなことじゃないかなと思います。

　前段で言った話と今言ったことがつながってない感じがして，ちょっと恥ずかしくなっています。けれど，みなさんに取っていただきたい態度はそれです。

　だから「1冊でも売るために一緒に何かをやりましょう」って言われたとしても，そういうのは連携って言わないと思います。公務員としては矩を踰えている感じがする。違うことやった方がいいと思います。

大林：なるほど，違うことをやろう，と。髙橋さん，連携への展望はどうでしょう。

髙橋：やるべきことじゃないこともできるっていうストライカーが出てくることはいいかなってやっぱり思います。でも，全体として考えたら，やっぱり長沖さんがおっしゃった「自信を持つ」ことが一番重要かなと。私は何かと「つながる」ということを考えたときに，結局自立してる人同士だからつながれると思うところがあります。だとするとやっぱり図書館は図書館としてのプレゼンスを高めることが一番と思っていて，自分たちが持っている価値を示すことで，すごいねっていう外からのリスペクトが出てくる。あなたたちにこの価値があるんだったら，つながっていきましょう，一緒にやりましょうっていうのが出てくるのかなと。

　まず自分たちのできることを自分たちで認識して，きちっと高めていって，それを見てもらう努力もするっていうところが，連携の具体的なところへの一

歩なのかなと私は思っています。

大林：自立した人として自信を持つ。大事ですね。

　長沖さんがメタという言葉で表現されていましたけれど，図書館がやらなきゃいけない仕事の一つは，やっぱり市場に任せておいたらおろそかになってしまうものをなんとかするっていうことなんだと思うんです。市場のいい部分はいい部分でもちろんあるんですけど，市場だけに任せていると足りなくなってくるところを公共図書館がやるっていうのが公共の役割だと思います。それがメタだよっていう意識を持っていくのはいいんじゃないかなっていう，そんな気がしてますね。

　ですので，自分の仕事にガチガチになっているところから一歩下がってみて，他の業界を見たり，他のプレイヤーを見たりすることが，連携にも必要なのかなと。あんまりその内側ばかりを見ずに，それこそメタな視点を持っていろいろやっていけたらいいのかな，と。

司書がいれば何でもできる

長沖：そうだ，髙橋さん，先ほどのストライカー云々という文脈で教えてください。書店さんの場合，たとえば売れている本が平台に1冊あったら，その周りに，それにつられて売れてほしいという本で固めるじゃないですか。図書館員としてあれを見たときに「うちだったらこうは置かないな」っていうふうに，自分たちで並べてみると全然違うものが作れたりしますか。「俺らならこう並べるね」って言ってくれて実際それが「違うもの」だと，書店側はすごく感動するなと思いました。

髙橋：どこにストライカーとしての価値を置くかっていうところは違う話ということで……（笑）。でもちょっと今の長沖さんの話に乗っかると，司書資格が図書館だけで生きるのももったいないよなってのはずっと思っています。司書の資格で選書するとか，蔵書構築をするとかっていう，広く蔵書に対して知

るっていうところは，蔵書っていうかな，本に対して知るっていうところを，書店でも活かせるんじゃないかとは，私も書店勤務のときにやっぱり思っていました。そういうところで，逆に司書資格を持ってる人を書店が募集するくらいの，司書資格のプレゼンスってのはつけていけたらいいよなって。そんな私ごときが言うのもあれなんですけれども，思ってはいます。

　日本中とかっていう話にはまだならないので，とりあえず地元で，私は司書としてっていうところで，書店さんに私がいても役立つと思いますよみたいな，書店さんから求められるぐらいでいたいなって思いながら仕事しています。

大林：「司書」ということで思い出したんですが，NHK の「理想的本箱　君だけのブックガイド」という，ブックディレクターの幅允孝さんが出演しているテレビ番組。好評につき，4 月からレギュラー化するそうなんです。

　幅さんが「選書家」という役割で，「主宰」の吉岡里帆さんがいて，もう 1 人，「司書」を太田緑ロランスさんがやっているんですけど，選書家がいて，司書がいるっていうのが不思議な感じなんです。

　幅さんが選書家っていうのはいいとして，じゃあ司書は選書しないのか？と。また選書家は選書するけれども司書ではないのか，とか，司書の役割とか世間的なイメージとかを考えるきっかけになってなかなか興味深いです。

　司書の仕事もいろいろありますが，面白い棚を作ることができるっていうのは，司書に求められる能力の一つかなって思いますね。そこに「本紹介」が密接に絡んでくる，と。

　今日はどうもありがとうございました。また次の機会でもお会いしましょう。

JLA Booklet no.19 ∙∙

Live！図書館員のおすすめ本　人はなぜ本を紹介するのか
リマスター版

2024 年 10 月 30 日　初版第 1 刷発行
定価：本体 1,000 円（税別）

編者：日本図書館協会図書紹介事業委員会
表紙デザイン：笠井亞子
発行者：公益社団法人　日本図書館協会
　　　　〒 104-0033　東京都中央区新川 1-11-14
　　　　Tel 03-3523-0811 ㈹　Fax 03-3523-0841　　www.jla.or.jp
印刷・製本：㈱丸井工文社

∙∙∙

JLA202415　ISBN978-4-8204-2404-8　　　　　　　　　　　　　Printed in Japan
本文用紙は中性紙を使用しています